1．安徽省教育厅人文社会科学重点项目（项目编号：SK2019A0425）——皖南国际文化旅游示范区旅游企业绿色创新的驱动因素及绩效影响研究。

2．黄山学院校级重点课题（项目编号：WLSYS202309）——基于数字技术赋能的黄山市文旅产业融合发展路径研究。

3.2022年度安徽省黄山学院硕士点培育专项科研基金项目（项目编号：hsxyssd001）——“大黄山”文化旅游产业集群化发展研究。

4．安徽省高校人文社科一般项目（项目编号：SKHS2019B12）——现代化经济体系下皖南地区旅游业人才管理体系研究。

旅游与文化产业的创新融合发展研究

鲍　军◎著

文化发展出版社
Cultural Development Press
·北京·

图书在版编目（CIP）数据

旅游与文化产业的创新融合发展研究 / 鲍军著．—
北京 ：文化发展出版社，2023.12
ISBN 978-7-5142-4247-8

Ⅰ．①旅… Ⅱ．①鲍… Ⅲ．①旅游业发展－关系－文
化产业－产业发展－研究－中国 Ⅳ．① F592.3 ② G124

中国国家版本馆 CIP 数据核字 (2024) 第 004229 号

旅游与文化产业的创新融合发展研究

鲍　军　著

出 版 人：宋　娜
责任编辑：侯　娜　　　　责任校对：岳智勇
责任印制：邓辉明　　　　封面设计：守正文化
出版发行：文化发展出版社（北京市翠微路 2 号 邮编：100036）
网　　址：www.wenhuafazhan.com
经　　销：全国新华书店
印　　刷：天津和萱印刷有限公司

开　　本：710mm × 1000mm　1/16
字　　数：200 千字
印　　张：10.75
版　　次：2024 年 5 月第 1 版
印　　次：2024 年 5 月第 1 次印刷

定　　价：72.00 元
I S B N：978-7-5142-4247-8

作者简介

鲍军，男，生于1980年12月，安徽省黄山市人，硕士研究生，2006年1月毕业于浙江工商大学，获管理学学士学位。2007年至今，任职于黄山学院旅游学院旅游管理教研室。参加工作以来，主持省部级课题3项、校级课题2项，发表论文10余篇，其中SCI、EI论文3篇。主授课程有管理学原理、人力资源管理、战略管理、组织行为学等。研究方向为乡村旅游、旅游数字化。

前 言

随着经济的发展和人民生活质量的提高，粗放、低效、封闭的旅游自循环方式逐渐被人们淘汰，而精细、高效、开放的“旅游＋”模式正成为现代人的旅游新追求。文化产业和旅游产业融合发展顺应了人们文化旅游观念的转变，具备巨大的市场潜力。推动两大产业融合发展是推动现代旅游业发展、促进文化传播的必然选择，有助于实现我国产业结构升级和经济高质量发展，符合我国新发展格局的基本要求。

文化产业与旅游产业的融合发展无疑是产业结构升级的重要抉择。在当前世界经济格局的深度调整中，产业间的交融渗透呈现出强劲的发展态势，有力地推动了产业结构的优化与生产力的提升。作为具有高度关联性的典型综合性产业，文化产业与旅游产业相互促进，对其他产业的拉动效应日益显著。随着人民群众生活质量的不断提升及消费需求的转型升级，旅游产业的发展将日益重视其文化内涵的丰富与文化体验的强化。因此，文化产业与旅游产业的融合发展不仅有力地推动了产业结构优化，而且对于促进我国构建社会主义文化强国和旅游强国具有深远意义。

本书共五章，对文化产业与旅游产业的创新融合发展进行了具体的研究和论述。第一章为旅游与文化产业融合发展概述，主要介绍了旅游产业和文化产业的相关概念、旅游产业与文化产业的关系以及旅游产业与文化产业融合发展的理论基础；第二章为旅游与文化产业的融合发展情况，分别对旅游与文化产业融合发展的动因、旅游与文化产业融合发展的障碍和旅游与文化产业融合发展的现状进行了研究；第三章为旅游与文化产业融合发展系统的构建，详细介绍了旅游与文化产业融合发展的机制、旅游与文化产业融合发展的模式以及旅游与文化产业融合发展的产业链；第四章为旅游与文化产业的创新融合发展策略，分别从顶层制度设计与市场主体地位层面、企业运营管理层面和文化旅游产业建设层面提出了相应的发展策略；第五章为旅游文化产业的可持续发展，主要介绍了旅游文化产业可持续发展的含义及目标、实现旅游文化产业可持续发展的路径和旅游文化产业的发展趋势。

在撰写本书的过程中，作者得到了许多学者的帮助和指导，参考了大量的学术文献，在此表示真诚的感谢！本书内容系统全面，论述条理清晰、深入浅出。由于作者水平有限，加之时间仓促，本书难免存在一些疏漏，在此，恳请同行专家和读者朋友批评指正！

鲍　军

2023 年 6 月

目　录

第一章　旅游与文化产业融合发展概述

本章为旅游与文化产业融合发展概述，主要介绍了旅游产业和文化产业的相关概念、旅游产业与文化产业的关系以及旅游产业与文化产业融合发展的理论基础。

第一节　旅游产业和文化产业的相关概念

一、旅游的概念

“旅游”一词最早见于我国南北朝时期南朝诗人沈约所写的《悲哉行》一诗：“旅游媚年春，年春媚游人。徐光旦垂彩，和露晓凝津。时嘤起稚叶，蕙气动初蘋。一朝阻旧国，万里隔良辰。”这是迄今所知“旅游”一词见于中国典籍的开始，它比西方“tourism”（旅游）一词的出现要早 1300 多年。

（一）旅游的定义

1. 国外关于旅游的定义

1811 年英国出版的《牛津词典》将“旅游”界定为“离家远行，又回到家里，在此期间参观游览一个地方或几个地方”。这是对旅游定义的最早描述。

瑞士学者亨泽克尔和克雷夫于 1942 年合著的《普通旅游学纲要》对旅游的定义为“旅游是非定居者的旅行和暂时居留而引起的现象和关系的总和。这些人不会导致永久居留，并且不从事任何赚钱的活动（较少从事赚钱活动）”。该定义在 20 世纪 70 年代被“旅游科学专家国际联合会”（AIEST）所采用，又称为艾斯特定义。这也是目前在旅游学界影响较大的一个定义。

世界旅游组织在 1980 年马尼拉会议之后，曾提到要用“人员运动”（Movements of Persons）一词取代“旅游”（tourism），将其定义为“人们出于非移民及和平的目的，或者出于实现经济、社会、文化及精神等方面的个人发展及促进人与人之间的了解与合作等目的而进行的旅行”。①

2. 国内关于旅游的定义

《中国百科大辞典》中提出，旅游是人们观赏自然风景和人文景观的旅行游览活动，包含人们旅行游览、观赏风物、增长知识、体育锻炼、度假疗养、消遣娱乐、探险猎奇、考察研究、宗教朝觐、购物留念、品尝佳肴以及探亲访友等暂时性移居活动。从经济学观点看，旅游是一种新型的高级消费形式。

谢彦君教授在《旅游学概论》中提出，旅游是个人前往异地以寻求审美和愉悦为主要目的而度过的一种具有社会、休闲和消费属性的短暂经历。②该定义强调了四个要点：第一，旅游的根本目的在于寻求审美和愉悦体验；第二，旅游是一种个人体验；第三，空间上的异地性；第四，时间上的暂时性。

魏向东教授在《旅游概论》中提出，旅游是旅游者在自己可自由支配的时间内，为了满足一定的文化享受目的，如休憩、娱乐、保健、求知、增加阅历等，通过异地游览的方式所进行的一项文化体验和文化交流活动，并由之而导致的一系列社会反应和社会关系。③

李天元教授在其《旅游学概论》中认为，旅游是人们出于移民和就业任职以外的其他原因离开自己的常住地前往异国他乡的旅行和逗留活动，以及由此所引起的现象和关系的总和。④

人们对旅游的理解可通过以上定义得以体现。这些定义既明确又具体，对所涉及的内部范围和外部范围进行了明确界定。它们涵盖了三个要点：首先，清楚地规定了外出的目的，包括休闲、娱乐、度假、探亲访友、商务、专业访问、医疗保健、宗教朝圣和其他目的；其次，要求离开熟悉的环境前往陌生的地方或非常住地。最后，要求外出连续停留的时间不超过一年。

尽管以上这些定义的侧重点有所不同，但都表现出两个共同之处：一是，旅游是离开常住地到异地或异国的活动；二是，人们前往旅游目的地，并在那里短暂停留。另外，不论从何种角度出发，旅游均具有其目的性：或是以休闲、公务为目的，或是以审美、娱乐和社会交往为目的，等等。

① 孙亚辉．文化旅游产业的研究 [M]. 天津：天津科学技术出版社，2017.

② 谢彦君．旅游学概论 [M]. 大连：东北财经大学出版社，1999.

③ 魏向东．旅游概论 [M]. 北京：中国林业出版社，2000.

④ 李天元．旅游学概论 [M].5 版．天津：南开大学出版社，2003.

因此，对旅游下定义时应该把握住旅游的三大特征：一是目的性，二是异地性，三是短暂性。

（二）旅游的特征与功能

1. 旅游的特征

旅游是一项内容丰富、形式多样、涉及面极广的社会经济现象，是一种短期性的特殊生活方式。旅游以其自身特色从一般的社会活动中脱颖而出，吸引了全社会的积极参与。概括地说，旅游具有普及性、地缘性、综合性、文化性、异地性、短暂性、流动性等基本特征。其中，综合性和文化性均体现出了旅游的目的性特征。

（1）普及性

第二次世界大战（简称“二战”）以前，旅游只是少数有闲阶级享受的权利。二战以后，特别是 20 世纪 60 年代以后，大众阶层成了旅游队伍的主力，旅游度假成为普通大众都可享有的基本权利。正如世界旅游组织在 1980 年发表的《马尼拉世界旅游宣言》中明确提出的，旅游也是人类社会最基本的需要之一。

随着国际经济、文化交流的深入，各国享受带薪假期的职工不断增多，带薪假期的时间不断延长，旅游成为一种生活方式，融入了人们的日常生活。如英国平均每年外出旅游三次的人数占全国总人口的一半以上，法国平均每年外出旅游三次的人数占 45%，瑞典更是高达 75%。在经济发达的国家中，大多数家庭有自己的旅游预算。即使是那些生活并不富裕的家庭也总要精打细算，以便能够实现至少一年一次的全家旅游计划。

在我国，随着居民收入水平不断提高，人们闲暇时间增多，我国年人均旅游次数已超三次。在一些经济发达的城镇和富裕农村，旅游已经成为当地居民生活中的重要组成部分。

（2）地缘性

旅游的地缘性也被称为地域集中性，其表现为游客在旅游时，并非均匀地分布于世界各地，而是倾向于集中在某些特定的地区进行活动。这种区域性旅游可以反映出旅游的地缘性。在全球旅游业（旅游产业）的蓬勃发展中，区域性旅游一直是其中的一大优势所在。

旅游的地缘性特征在一些主要客源国表现得更为突出。例如，美国与加拿大各自接待对方的旅游者约占其接待入境总人数的 50%；西班牙接待的旅游者中，来自法国、葡萄牙、英国与德国的旅游者达 70% 以上，如果再加上来自荷兰、比利时、意大利与瑞士的旅游者，则超过了80%。这种区域性旅游出现的原因是多方面的，主要有距离较近、交通便利、签证及旅游手续简便、时间和开销相对较少、文化传统相近和语言无障碍等因素。

从文化和旅游部公布的统计数据可以看出，我国入境旅游者早期以亚洲地区的客源为主，2006年和2007年，在16个主要客源国中，亚洲国家高达10个，其中韩国、日本居于第一位、第二位。而从2014年开始，我国入境旅游者则以欧美地区的客源为主，在10个主要客源国中，欧美地区国家高达6个，其中美国、德国、英国分别居于第一位、第二位、第三位。这说明我国的入境旅游主要客源国由东方向西方转移，由近程市场向远程市场扩散。

（3）综合性

当旅游者外出旅游时，他们通常对吃、住、行、游、购、娱等方面的服务十分看重。因此，旅游地应提供能够满足游客需求的高质量饮食、住宿、交通、景点、商场、娱乐、邮政电信等服务设施。例如，旅游可以根据不同的目的采取不同的方式，如游览、寻险、娱乐、探亲等。不同的方式可能对旅游地的要求也有所不同。概括来讲，旅游地的旅游资源包括了自然、人文、物质和精神方面，所以旅游活动就与生活中的各个方面都有联系，如经济方面、社会方面和文化方面等。正是这些要素使得旅游具有了综合性的特征。

（4）文化性

游客一般希望在旅游中得到多种不同的体验，因此，其旅游目的及方式也多种多样。例如，看名山大川，感受奇特的风俗文化，欣赏音乐和舞蹈表演，尝试当地的美食，或者去参观历史悠久的名胜古迹。这些旅游活动不仅可以让游客获得物质上的满足，还能满足其精神上的需求。每个人的爱好和兴趣可能有所不同，但是通过旅游获得精神上的愉悦、学习文化知识、欣赏美的享受、追求自我发展并得到价值认可，这是古今中外所有旅游者的共同愿望。因而，旅游具有文化性的特征。

（5）异地性

旅游是人们在离开自己生活的常住地，前往其他国家或地区进行的一种文化体验和心灵启迪的活动，是一种独特的生活方式。在同一个地方生活的时间久了，人们会对周围环境感到乏味，想要一些新鲜感和体验不同文化的机会。而旅游活动能够满足这种需求，因为异地的自然风光、人文景观和民俗风情都可以提供这种新鲜感和体验。因此，旅游具有异地性的特征。

（6）短暂性

旅游指游客在其他地方短期停留的活动，一段时间后再返回他们日常生活所在的地方，这不同于常住地的活动形式。因此，短暂性是旅游的一个特征。为了更好地开展统计工作，相关组织已经确定了短期停留的期限长短。例如，根据世界旅游组织的规定，短期停留最长的期限为一年。

（7）流动性

旅游是一种短暂性的异地活动。旅游者从其常住地前往旅游目的地，在游览完一个地方之后再前往另一个地方或返回常住地。这种人员的流动使旅游呈现出流动性的特征。

2. 旅游的功能

旅游是一种短期的异地旅行方式，主要目的是寻找美好和愉悦。旅游的最本质特征就是异地性与短暂性。其功能就是由旅游活动的本质特征所决定的。旅游的功能主要体现在以下几点。

（1）文化交流功能

人们到不同的地方旅行，必然会发生文化交流，因为旅游是人们交流的一种方式。通过旅游，不同社会层级和民族之间的联系更加紧密，人们相互了解、消除偏见、增进感情。

旅游是推动国家间文化交流的一种重要方式。从旅游史研究的角度来看，玄奘赴印度取经以及鉴真东渡等事件，对于促进相关国家之间文化与科技的交流发挥了重要的作用。在13世纪，马可·波罗来到元朝首都大都，并在这里游历了十多年。他所写的《马可·波罗游记》不仅拓宽了欧洲人的地理知识，也激发了他们对东方的浓厚兴趣，促进了中西方在各方面的密切交流。随着旅游活动的兴起和发展，游客的生活方式和价值观念对旅游目的地产生了深远的影响，这也导致了旅游目的地居民的生活观念和生活方式发生显著的改变。

（2）经济功能

现代旅游已成为一项规模巨大、覆盖面极广的活动，涉及多个产业部门。旅游活动的顺利进行离不开它们所提供的支持和服务。这些产业部门的参与不可避免地刺激着经济的运作。因此，旅游业的经济功能主要表现在旅游企业的收益和目的地居民的收入等方面。

旅游企业包括旅行社、住宿接待、旅游交通运输、旅游商店以及景点等。这些旅游企业合作一致，致力于满足游客的需求。这些企业有着十分丰富的旅游资源、设施、服务。在它们将这些资源、服务提供给游客的同时，游客也为这些企业带来了经济效益。

旅游的经济功能不仅体现在微观方面，还在宏观方面发挥着作用。从宏观经济角度看，旅游业在增加外汇收入、促进国际收支平衡、刺激资金流动和扩大就业容量等方面发挥了重要作用。

旅游不仅可以实现经济收入在不同国家和地区的再分配，还可以为人们提供大量的就业机会，并创造新的社会财富。

（3）教育与情感功能

旅游是一种独特的生活方式，可以开阔人们的眼界，丰富人们的知识，包括地理、历史、艺术等多个领域。“读万卷书，行万里路”生动地说明了旅游对于拓展知识和才能的重要性。

人类历史上最伟大的探险活动要数从15世纪开始的地理大发现。在过去，世界各地区处于一个相对封闭的环境，很少与外界联系，以至于大多数人对自己所在地之外的情况并不了解。地理大发现后，这一情况得到了改善。通过地理大发现，人们的认知范围得到了扩展，对世界有了更深刻的了解，同时形成了新的地理观、世界观和宇宙观。从那之后，人们开始认识到地球不是宇宙的中心，航海者的环球航行也证实了地球是一个球形的天体的假设。

从16世纪中叶开始，西欧的旅游行为逐渐向更加注重教育和社会认知的方向发展。人们通过旅行寻求知识，增进对不同地方风土民情、生活方式和社会组织的了解，以此来开阔视野。在18世纪，这种教育旅游达到了旅游发展的高潮。这便是欧洲旅游历史上著名的“大游学”时代的开端。法国作为世界旅游大国，其首都巴黎更是全球旅游收入最高的城市之一。由于法国政府高度重视景观资源的教育功能和社会效应，因此他们广泛采取了降低门票价格的措施，以便让更多的人能享受到接受教育和启迪灵感的机会。在法国，许多人文景观对一些社会群体免费开放，不收取任何费用，如记者、教师、档案员等。

明代著名地理学家、旅行家徐霞客在其30多年的旅行考察中，撰写了《徐霞客游记》，记录了自己的所见所闻。这本书不仅是一部出色的旅游文学作品，还是一本探究区域地理的重要科学著作。它对石灰岩地质地貌进行了深入系统的研究，对该领域有举足轻重的贡献。

旅游是一种综合性的审美活动。人们会到陌生的地方寻找新的知识、新的体验和新的感觉，从而获得乐趣。旅行者在准备前往旅游目的地时，通常会积极查找相关的资料来获取目的地的信息，这种行为可以视为一种自主学习。因此，游客到达旅游目的地后，就有机会更充分地欣赏当地的自然美景，深入了解当地文化遗产的历史和内涵，感受当地传统艺术传达的美学价值，并且领略不同的生活方式，陶醉在旅游的乐趣中。在这个过程中，游客对于目的地的信息会了解得更加深刻和全面。

游客在旅游过程中还可以获得一定的道德教育。旅游活动是一种公共行为。旅游过程中出入公共场所、乘坐车船，都有利于培养人们遵守社会公德、遵守人际交往准则等道德观念。在这个过程中，人们可以游览祖国的大好河山，欣赏大自然，体会历史文化的灿烂和现代化建设的辉煌，从而激发自身的爱国情感和民族自豪感。

（三）旅游的要素与类型

1. 旅游的要素

旅游活动的基本要素包括吃、住、行、游、购、娱六个方面。如果没有这六个要素，也就无法讨论旅游，因为它们是旅游活动发展的基础。在我国，目前较为普遍的关于旅游活动要素的观点包括“三体”说和“新六要素”说。

（1）“三体”说

旅游活动是一种涉及面极其广泛的综合性社会活动。在“三体”说中，旅游活动是由旅游主体、旅游客体、旅游媒体三大要素构成的。

旅游活动的主体是旅游者。旅游者又称游客，是指离开自己的常住地到旅游目的地游览的人。旅游的发展历程显示，旅游最初始于人们的个人活动，随着旅游需求的不断增长，相关从业人员才逐渐涌现，并为旅游者提供服务。旅游者在旅游活动中占据主导地位，他们的数量、消费水平以及旅游方式对于旅游业内部的比例关系和协调性具有重要影响。由此可见，旅游者扮演着旅游活动中最为关键的角色，其地位尤为重要。

旅游活动的客体是旅游资源。所谓资源，指的是那些能够吸引旅游者且客观存在于自然和人文环境中的事物和现象。旅游资源是旅游活动的重要组成部分，在旅游活动中扮演客体或对象的角色。当一个人有了足够满足旅游花费的金钱和时间后，以其娱乐和求知等旅游目的出发，他首先考虑的必然是去哪个国家或地区才能满足自己的旅游需求。这时，吸引旅游者的决定因素就是满足其偏好的旅游资源了。固然，当一个人准备去某国或某地区旅游时，也会考虑那里的生活条件和服务设施，但这只是第二位、第三位的需求。那些具有不同民族特色和地域特色的旅游资源没有别的事物可以代替，其给人的观感也不是靠别人的介绍或纸上的字画就能真切感受到的，旅游者必须身临其境才能获得真正的精神满足。

旅游业是旅游活动的媒体。旅游业指的是一种综合性产业，它的目标是为旅游者创造便利的条件，同时也为旅游者提供其所需的商品和服务。旅游业的覆盖面非常广泛，涵盖了多个经济和非经济领域。其中，旅行社、旅游酒店和旅游交通等是最为直接的领域。旅游业作为连接旅游主体和旅游客体的纽带，主要为旅游者提供满足其需求的旅游服务。旅游者并不是为了接受旅游业提供的服务而去旅行的，但是旅游业为连接客源地和目的地、旅游动机与实现旅游目的等方面架起了一座桥梁。有了旅游业的参与，旅游者可以避免旅游过程中可能遇到的很多麻烦，因为相关企业将会为他们安排整个旅行行程。随着旅游业不断发展，人们享受到了其带来的各种便利，还可以前往更遥远的目的地去旅游。

旅游业的另一个优势是它具有促进旅游发展的组织能力，包括供给和需求。在供给方面，旅游业需要根据市场的需求来组织自身的配套产品；在需求方面，旅游业需要以各种形式来组织客源，使自己的产品能够卖出去。旅游业从诞生之初就展现出了强大的组织能力，正是这种能力推动了旅游活动规模的不断扩大，促进了旅游业的蓬勃发展。

总体来说，旅游活动的三个关键要素相互关联、相互依存，组成了一个整体。任何一个要素的改变都会导致其他要素相应地发生变化。例如，旅游者的旅游兴趣和决策直接影响到对旅游地的选择。旅游的客流量和流向，以及旅游者的时空变化，会影响旅游地的开发规模、服务设施的规模和档次，还会影响饭店、旅行社、交通运输等旅游媒体的工作。如果旅行社的旅游宣传很有特色，旅游地本身也具有吸引力，就会反过来影响旅客流向和流量的变化。旅游地的开发规划、环境保护，旅游媒体的交通运输、服务等就会相应地受到影响。

（2）“新六要素”说

根据美国社会心理学家马斯洛的“需求层次理论”，人们的需求可以划分为不同的需求种类，并且这些需求种类还有层次。马斯洛认为人们满足需求的方式是按照不同的层次逐级提高的：在达成低一层次的需求之后，高一层次的需求会迅速成为关键的主导需求。如随着人们的旅游需求不断变化，他们在旅游活动中所需的六大要素（吃、住、行、游、购、娱）虽然是最初的需求，但在体验完基本的旅游活动后，人们往往会追求更高层次的享受。人们对于旅游活动的期望已经超越了单纯的游览、观光，他们希望通过旅行来享受环境、提高审美、体验生活、拓宽社交圈、放松身心以及促进健康等。

“新六要素”是旅游发展的一个阶段性成果，包括资源、环境、文化、科技、余暇与金钱等六个重要因素。“新六要素”在旅游产业的基础上，融合了一些超越产业范围的要素，在考虑旅游活动的总体环境要素时，除了关注物质要素，还会关注非物质要素，如文化等。“新六要素”实际上是一种更大范围的旅游活动要素。

①资源

旅游业的发展离不开资源的支持。这些资源包括可以吸引游客的自然和人文元素。这些资源既可以被开发利用以带来经济、社会和环境上的效益，同时也可以被保护和维护以供后代可持续地利用。旅游业的产生、存续和发展取决于对旅游资源的开发利用。这种资源与旅游业是密不可分的关系。旅游资源是旅游业生存和繁荣的重要基础，是人类旅游活动和旅游经济的主要支撑。人类的旅游活动源于旅游资源的存在。

②环境

人类的一切行为都在一定的环境因素下实现，旅游活动的实现也离不开良好的环境。旅游环境可以被看作一个综合性的环境系统，其以旅游者为中心，包括旅游目的地以及自然生态环境和人文生态环境等要素。相对于人类来说，环境是其客观对象，而资源则是人类对环境进行开发和利用的那一部分。旅游业的存在和发展离不开良好的自然和人文环境。旅游产品的质量和游客对旅游目的地的选择，在很大程度上取决于旅游目的地优良的环境条件。

③文化

文化是旅游活动的灵魂，主要分为三个方面，包括物质文化、制度文化、精神文化。物质文化就是文化的物质状态，包括建筑等；制度文化就是文化的制度状态，包括管理规则、行为习惯等；精神文化就是文化的精神状态，包括意识、观念等。旅游中的方方面面都体现着这三种文化形态，如旅游对象、旅游服务、旅游目的地、旅游规划等。

旅游要想更进一步发展，就必然离不开文化的支持。人们的高层次精神文化需求有很大一部分是通过旅游活动实现的。同时旅游需求和旅游活动也是人类自由得以体现的重要标志。在忙于追求功利目标的压力下，人们往往没有精力去安排旅游。高层次需求只有在低层次需求得到满足的基础上才会出现。因此，只有在轻松愉悦的休闲状态下，我们才能真正地享受旅游带来的自由和乐趣。这意味着旅游在本质上与人类高层次需求相连，与人类的文化本质有内在联系，自然而然地与审美活动相联系，并且最终随着人类需求的不断提高而发生转变。也就是说，旅游是一种人的文化活动，旅游的支出属于文化消费，旅游提供的服务可以视为文化服务，旅游产业也是一定意义上的文化产业。

④科技

科技已经成为推动旅游业发展的动力。随着人们进入知识经济时代，科学技术已经深入旅游业的各个领域。通过历史的发展可以得知，每一次社会生产的跨越式提升都离不开科学研究的发展和创新技术的运用。新科技革命正在深刻改变人们的生活，旅游业也因此受到新的挑战和影响。科技的快速发展开始成为旅游业发展的主要驱动力。国际旅游的竞争力可以分为四个阶段，分别是旅游资源竞争、旅游产销竞争、资本实力竞争、创新竞争。科技在旅游业的各个发展阶段日益关键。在知识经济迅速发展的背景下，如何利用科学技术来增强旅游业的全球竞争力、加速旅游业的进一步发展，成为我国旅游业战略规划中的重要议题。

⑤余暇

在余暇时间充裕、有足够的旅游支付能力以及有旅游动机的情况下，余暇时间就可以成为旅游的最佳时机。只有在以上三个条件都被满足的情况下，旅游需求才能实现。自 1995 年正式推行“五天工作制”后，国内旅游业开始蓬勃发展。这说明拥有足够且连续的休闲时间对旅游市场的变化起到至关重要的作用。作为国民经济发展的新动力，旅游业需要实现最大化旅游需求，以更广泛的方式和更广泛的范围带动经济增长。因此，为了迎合市场化旅游需求，必须提供更为充足、长久且持续的余暇时间。例如，我们可以进一步改革劳动用工制度，实行带薪休假制度，研究如何缩短工作时间并增加休闲时间。

⑥金钱

旅游活动需要一定的金钱支持，因为旅游本身就是一种经济活动。现代旅游涉及面广、活动范围大、旅游周期变化快，因此，拥有一定的经济能力是实现旅游的重要保证。

2. 旅游的类型

根据不同的划分标准，旅游可分为以下几种不同的类型。

（1）按地域范围划分

在一个特定的国家里，旅游通常可以分为国际旅游与国内旅游两种类型。

①国际旅游

国际旅游可以分为出境旅游和入境旅游。入境旅游指其他国家和地区的常住居民到某个特定国家进行的旅游；出境旅游指某个特定国家的常住居民到另外一个国家进行的旅游。

②国内旅游

国内旅游指某个特定国家的常住居民在本国内部进行的旅游，又可分为地方性旅游、区域性旅游和全国性旅游。

（2）按旅游规模和人数划分

按这种划分标准，旅游可分为团队旅游和散客旅游。

①团队旅游

团队旅游是一种由旅行社或旅游中介机构组织的旅游方式。旅游者需要购买相同的旅游路线或项目，组成一支旅游团队，共同进行旅游活动。团队旅游通常会提供统一的包价服务。这种旅游方式方便、舒适、相对安全且价格便宜，但游客的自由度相对较低。

②散客旅游

散客旅游就是旅游者本人外出或与其家人、朋友结伴而行。因此，与团队旅游相比，散客旅游的特点是规模较小、预订期数短、自由度较高。但这种旅游方式的费用较高。

（3）按组织方式划分

旅游按照组织方式划分可分为自助旅游与互助旅游。

①自助旅游

自助旅游是一种自由行的旅游方式。它不需借助旅行社，旅游行程完全由旅游者个人自行安排，旅游活动也按照个人兴趣和喜好展开，如背包旅行。自助旅游具有充分的自主性和灵活性，旅行者可自由支配所有开销，也可灵活调整行程，还可以深入了解当地文化和民俗特色。

②互助旅游

互助旅游是一种由互联网孕育而生的旅行方式，以自主、平等、互助为理念，旨在实现交友和旅行相结合的一种旅游方式。随着互联网技术的不断进步，互助旅游将成为人们越来越青睐的旅游方式之一。这也是现代社交观念的提升和生活水平的不断提高所带来的必然结果。

（4）按旅游的目的与动机划分

按旅游的目的与动机划分，旅游可以分为观光旅游、度假旅游、探险旅游、商务旅游、文化旅游等几种主要类型，现对其进行逐一阐述。

①观光旅游

观光旅游是通过到异国他乡观赏自然风光及古今人文景观、体验民俗的形式，以达到求新、求异、求知、求美目的的纯消遣型旅游。这是世界上最传统、最普遍的旅游形式。虽说现代旅游已将公差、商务、会议、教育等活动纳入旅游之列，但任何旅游活动都含有观光的成分。在我国，观光是最基本的旅游形式。

但如果在发展旅游业时只拘泥于观光旅游的传统做法，而忽视内容丰富的多元化旅游项目，势必造成旅游市场的单一化从而使旅游业失去活力。我国应该在充实、完善观光旅游的基础上，不断发展形式多样的旅游形式。

②度假旅游

度假旅游指在节假日或带薪假日，游客出于保持身心健康、排解无聊、调剂生活情趣等原因，到风景区或娱乐场所去消闲度假。此类旅游者停留的时间比观光旅游要相对长一些。在旅游大众化、普及化的过程中，度假旅游凭借悠闲、舒适、愉悦身心的鲜明特点，已吸引了越来越多的旅游者。

③探险旅游

探险旅游指富有挑战精神的旅游者为寻求刺激、满足好奇心而外出旅游。这些人多青睐人迹罕至的地方或尚未开发的地方，多选择常人难以参与的旅游活动方式。他们喜欢用攀岩、漂流、横穿沙漠、悬崖跳伞或跳水等刺激性较强的活动方式来挑战自我并寻求成功的喜悦。这些旅游者往往是新旅游点的发现者。

④商务旅游

商务旅游通常是出于职业目的而进行的旅游，如举办展览、进行贸易、商务洽谈、参加会议或进行科学文化交流等。商务旅游一般是在完成工作任务后进行的。其表现形式主要有商务、会议和学术旅游，其地点一般选择前往旅游胜地或文化历史名城。

商务旅游是指借到异地经商的余暇之机进行的个人旅游行为。商务成员在此期间的住店、宴请、社交、游览构成了整个活动的主要组成部分。由于经济全球化的影响，往来于各国、各地之间的商务活动十分频繁。有些人平均每年出游达七八次之多，是国际旅客中重游率最高的人。相对于自费旅游者来说，他们通常停留时间较长，消费水平较高，对服务设施和服务质量比较讲究。尽管这些人外出的主要目的是工作，但大多数人会利用经商之余进行个人旅游消遣。

商务旅游是旅游史上最早的旅游形式之一，是人类进入文明社会后始终保持良好势头的旅游形式。在现代社会中，商务旅游者是大都市旅游市场的主要客源，占其总客源的 45% 左右。

⑤文化旅游

文化旅游具有教育、科研和交流的功能。其实，任何旅游形式都具有文化性质。带有专题性质的学习、考察或文化交流等形式的旅游则更表现出旅游的文化目的。旅游者到一个地方去探索那里的文物古迹、民族文化传统，以及艺术、音乐、建筑、教育和科学技术等，有利于开阔眼界、增长知识、交流学术。文化旅游具有新异性、知识性，促进了异质文化的相互影响，反映了现代旅游发展的趋势。

二、旅游产业的概念

（一）旅游产业的内涵

旅游产业即旅游业就是以旅游者为对象，为其旅游活动创造便利条件并提供其所需商品和服务的综合性产业。旅游业不像其他产业那样界限分明，其产品和产出的构成涉及多种有关产业，这恰好展示了旅游业的特性。尽管这些产业或行业的主要业务或产品各不相同，但它们都涉及旅游领域。它们的共同目标是为了方便旅游活动，为旅游者提供多种产品和服务，以满足他们的需求，并将这些产品整合成为完整的旅游产品或商品。

要发展旅游业，需要许多前提条件：一是必须开发和充分利用旅游资源，这是其发展所必需的。二是要发展和完善基础设施，包括旅行社、旅游交通和旅游饭店。三是需要各个部门的有力支持，包括计划、财政、工业、农业、商业、电信、文教、卫生环境、公安等。

旅游业是综合性产业，旅游相关产业均围绕旅游者提供各项服务。对于旅游产业的这两个特征，大多数学者都存在共识。旅游业产生于旅游活动之后，它是人类社会经济发展到一定阶段而出现的一种行业，是为适应旅游活动发展的需要，从满足旅游需求出发而形成的一种为旅游者提供各种服务的特殊行业，它是沟通旅游者和旅游资源的桥梁和纽带。

因此，概括地说，旅游业是以旅游资源为凭借，以旅游设施为条件，为旅游者提供服务的综合性产业。同其他传统产业的定义相比，旅游业的定义有两点明显的不同之处：第一，这一定义是需求取向的定义，而非供给取向的定义；第二，旅游业虽然也是一项产业，但它是由它的服务对象所界定的，而不是由它的业务或产品所界定的。

（二）旅游产业的性质与特性

1. 旅游产业的性质

判定一个经济活动是否具有产业性质，关键在于它是否能够形成业务体系或业务链条。若某个经济活动只以几项业务为主，则不能称其为产业。一般来说，旅游业务由这几个方面组成：旅游资源、旅游餐饮、旅游住宿、旅游娱乐、旅游文化活动、旅游商贸活动以及与旅游相关的交通和信息服务。旅游的这些业务若被单独抽取出来都不能算作产业，但将这些业务集合起来，构成业务链或业务体系，就形成了旅游产业。需要强调的是，旅游业的各项业务是一种相互依存的关系，因为在旅游产业的业务体系中，任何一个环节的缺失都可能对整个行业的运作和发展造成影响。

旅游产业的发展必须遵循一般产业的发展规律，政府及其相关部门也应出台相应的产业政策。为了推动旅游业健康、平稳地发展，还需对旅游产业的性质加以探讨，本书将从以下三个视角进行阐述。

（1）旅游业的本质属性是经济性

首先，旅游业的兴起与社会经济的发展水平息息相关。只有在经济发展达到一定的水平时，才会出现旅游需求和旅游供给。

其次，旅游业是由各种规模、性质、组织类型、服务范围和服务方式各不相同的企业所构成的。这些企业供应着与旅游有关的产品和服务，旨在满足旅游者对物质和文化的需求，同时追求最大的经济效益。旅游业已成为许多国家的关键行业之一，并被纳入社会经济发展规划。

最后，旅游业是一种综合性经营的行业，它在促进其他与旅游相关的经济产业的发展方面起着关键作用，同时也促进了地区经济的繁荣。另外，旅游业还能带来外汇收入，促进货币的流通。

（2）旅游业属于第三产业

我国国家统计局结合国际行业分类标准把服务业划为第三产业。旅游业是为旅游者完成旅游活动而提供服务的行业，因此它属于第三产业。第三产业是一个行业众多、范围广泛的为生产和生活服务的产业群，它的兴起和发展是社会分工细化和劳动生产率提高的必然趋势。旅游业在第三产业中的比重不断提高，在社会经济活动中扮演着越来越重要的角色。

（3）旅游业的文化性质

从消费的角度来看，旅游消费主要是一种文化性的消费，也就是说虽然旅游消费涉及某些物质方面的需求，但其主要关注点是文化和精神方面的需求。旅游者出于对文化的喜爱和满足内心更高层次的需求，愿意花费金钱和时间进行旅游活动。旅游者的消费与文化密切相关，他们在旅游过程中产生的食、住、行、游、购、娱等方面的支出，实际上就是文化消费。旅游者欣赏美丽的风景和名胜古迹、了解当地的文化风俗、品尝地方美食、享受旅游带来的乐趣，这些都属于文化消费的范畴。旅游业为满足旅游需求而提供相应的产品，同时通过与旅游者的交换而获得经济效益。旅游经营者为旅游者提供具有深厚文化底蕴和独特特色的产品及高品质服务，以满足旅游者需求，协助其圆满完成旅游体验。同时，旅游业也为旅游者呈现了旅游目的地所处国家或地区丰富多样的文化。因而，旅游业不仅是一种经济产业，还是一种文化事业，其在推进和促进社会文化进步方面发挥了重要作用。旅游业在销售“服务产品”的同时，还应该突出文化性，通过深度的文化挖掘来充实旅游者的旅游体验，满足旅游者物质和精神上的文化需求。

2. 旅游产业的特性

（1）旅游产业的综合性

旅游业的产品和服务源于多个部门协同作用，集合了多种服务形式。旅游业是一种综合性行业，不仅涉及国民经济中的物质资料生产部门，如轻工业和建筑业，还涉及许多非物质资料生产部门，如文化、教育、科技、卫生、金融、海关、邮电、园林和宗教等领域。此外，它还涉及旅游企业，如旅行社、旅游交通、旅游饭店等。不同领域的旅游业为游客提供多元化的服务，这些服务在不同地区会有独特的展现方式。它们互相独立、互相依赖，其最终目标就是为了满足游客的多样化需求并确保旅游活动的顺利开展。因而，旅游业是一种具有广泛横向联系性和高度综合性的行业，它具有多个新兴产业多层次、多方位、网络状、复杂性的特点。

（2）旅游产业的关联性

旅游业具有较强的关联性与依托性，能够促进相邻产业的发展。为了吸引旅游者，旅游业的发展必须以优质旅游资源为支撑。国家经济的繁荣与否直接影响到旅游业的发展程度。对于旅游目的地来说，其国家或地区经济的富裕程度决定了该地旅游业的发展水平，同时也影响着旅游服务质量。要实现旅游业的经济效益、社会效益和环境效益，就需要协调发展、统筹考虑企业、部门和行业之间的依托关系，否则可能会给旅游业带来负面影响。旅游业还可以促进其他产业的发展。旅游业的全面发展不仅会带动自身的进步，同时也会助推交通、建筑、园林、文化娱乐等相关行业的繁荣，促进生产和生活环境的全面提升。发展旅游业是促进地区经济开放和改善投资环境的有效手段，这已在很多国家和地区得到验证和实践。

（3）旅游产业的脆弱性

旅游业相较于其他经济部门更具脆弱性，也就是说，任何内外环境因素的变化均会对旅游业产生一定的影响。

从旅游业的内部环境来看，旅游业是一个由多个部门组成的复杂系统。这些部门之间紧密关联，并相互影响。因此，它们必须密切合作，确保整个旅游供应链的平衡发展。如果有一个部门产生重大失误，就可能导致整个旅游业的瓦解，从而对经济和社会产生消极影响。

旅游业还会受到许多外部因素的影响，包括自然、政治、经济和社会等方面，其中有些因素的影响更为强烈。自然因素、政治因素和经济因素的恶化都会导致旅游业停滞，如地震、恶劣天气、疾病流行、国家关系恶化、政治动乱、战争、世界经济危机等。旅游业的脆弱性提醒我们，如果一个国家或地区过度依赖旅游业的经济贡献，那么其一旦受到负面影响，产生波动，就会导致不可预测的严重后果。

（4）旅游产业的季节性

在旅游业中，季节性指的是一年中旅游业经营接待旅游人数会有明显的周期性变化，如淡季、旺季等。这种变化也在每个月和每个星期内有所体现。

旅游业经营期间的旺季和淡季都会给旅游经营者带来很多经营难题。在旺季，由于人数过多，经营设施和人员都会面临巨大压力；而在淡季，设施和人员利用率下降，也不能充分发挥他们的作用。旅游业的永恒难题就是如何应对淡旺季的问题，且如何采取切实可行的措施解决这个问题。

当然，旅游产业还有开放、涉外、劳动密集、资金密集等特性，本书不再一一赘述。

（三）旅游产业的地位与作用

1. 旅游产业的地位

随着人们物质、文化需求的不断增长，旅游业也成为满足其需求越来越重要的手段。旅游有助于人们更好地放松、改善健康状况、扩展视野、拓宽知识面，并推动社会生产的发展。旅游业的发展受整体经济水平的约束，但旅游业的发展也会对其他经济部门产生积极影响，如推动餐饮服务、交通运输、文化艺术、园林建设等相关部门的发展，同时也促进了这些部门设施更新、服务项目增多和服务质量提高。随着社会不断进步，旅游产业越来越体现出其在国民经济中的重要性。

2. 旅游产业的作用

（1）动力效应

旅游产业的经济本质是“游客搬运”，即游客在异地（非住宅生活区域）产生消费行为，从而产生经济效益。这种“搬运”就是将“市场”搬到旅游目的地的各个角落，如景区、度假区、商业区等。

游客在旅游目的地不仅会进行观光等旅游活动消费，还会进行交通、餐饮、娱乐、游玩、运动、购物等各个方面的消费。有时候，他们也会进行一些非旅游休闲方面的消费，如医疗、保健、美容、养生、养老、会议、展览、祈福、培训、劳动等。可见，游客的消费促进了目的地的经济发展和相关产业链的壮大。

除此之外，旅游业的发展还对目的地的经济、就业、消费水平等方面产生了积极的促进作用。同时，它还可以增加当地居民收入，提升当地文化品牌价值，提高当地环境生态价值，促进社会和谐建设。因此，它给社会经济带来了一系列良好的效益。

旅游产生的动力效应源于“搬运市场”的能力，该能力能直接刺激消费。旅游者可以带动各种综合性消费，如住宿、购物、餐饮、游乐、运动等，进而形成一种以“出游型消费经济”为主的经济形态。这种经济形态能够促进整个旅游目的地消费经济链的建设，推动相关产业集聚发展，最终在经济和社会层面上全面地带动当地的发展。

通过“搬运市场”，旅游能有效地满足市场需求和实现市场供给的匹配。在资源丰富但市场较小的偏远地区，旅游业可以扮演重要的经济带动角色，并在消除贫困、促进经济均衡发展方面发挥重要作用。

旅游产业是劳动密集型产业，涵盖了多个就业层次，其市场也十分广阔，对于社会的就业具有重要的促进作用。

（2）价值提升效应

旅游不仅可以吸引消费者到原产地进行消费，还可以将产品直接销售给消费者，这样可以省去中间流通环节的成本，使生产者可以按照市场最终价格出售产品，从而获得更高的收益。这种收益被称为终端消费所带来的价值提升。游客在进行旅游消费时不仅可以购买商品，还可以享受独特的消费体验和服务。这些体验和服务让产品定价高于市场平均价，这个额外的价格部分被称为体验性消费所带来的附加价值。

（3）品牌效应

旅游对城市品牌的影响主要体现为推广和提升城市品牌。城市品牌是城市在推广自身形象时传达给公众的关键理念，目的在于获得社会的认可和支持。这就是说，城市品牌的目标是提高城市的知名度和声誉。文化是城市或区域发展的基础，是与其他城市之间的不同之处，也是城市品牌形象的中心元素。作为一种体验性活动，旅游可以将一个城市的文化遗产、非物质文化元素和民俗特色转换成吸引游客的景点，让游客感受、传播其文化内涵，从而形成目的地城市品牌的形象。

因此，在一定程度上，旅游形象和城市品牌的目标群体和发展目的是相同的。旅游业能够充分发掘一个城市或区域的魅力，激发游客的情感共鸣。此外，旅游活动的外向性与美好性也可以提高城市品牌的知名度和信誉度，并带动整个城市或地区的品牌价值上升，进一步促进城市的发展。

（四）旅游产业的构成与类型

1. 旅游产业的构成

（1）根据旅游过程划分

实现旅游业的发展需要很多因素的协同，其中开发和利用自然资源和人文景观等旅游资源是旅游发展的必要条件。旅游业的主要支柱包括交通、住宿、餐饮、旅行社等旅游基础设施，以及市场供应。如果各部门能够协调配合，包括计划、财政、工农业、商业、电信、文教卫生等，那么旅游业的发展将会得到有力的支持和推动。一些学者认为旅游业不仅仅是指旅行社、饭店和交通的综合体。尽管这些元素构成了旅游业，但并非其所有的组成部分。有人曾称旅游业是一个由一系列经济部门和非经济部门共同组成的巨大的商业集团，这也有其一定的道理，因为它们都具有为旅游者提供服务的共同职能。所以，从旅游过程来分析，宏观意义上的旅游业可由三类行业构成。

①有关旅游“准备”的行业

人们外出旅游之前往往要做以下几种准备工作。

第一，根据自己的经济状况和闲暇时间，选择旅游目的地，安排旅游线路，制订旅游计划。

第二，收集有关旅游目的地的资料和信息，了解和熟悉旅游目的地的社会习俗和风土人情。

第三，准备和购买各种旅行用品。

因此，提供旅游信息的新闻、广播、出版、通信等旅游宣传的行业，办理预订业务的旅行社，出售旅游用品的商店，都可以说是与旅游有关的行业。

②有关旅游“移动”的行业

旅游者离开常住地前往旅游目的地，以及返回家中的过程，就是所谓的旅程。在现代旅游中，交通已不只是一种移动工具，更是已成为旅游乐趣的一部分。所以，铁路、民航、汽车、轮船等主要交通工具是旅游业的重要组成部分。而在旅游的过程中，乘坐缆车、气垫船，摆渡、骑马、滑雪橇等活动，也已成为增添旅游者娱乐趣味的活动项目。

③有关旅游“逗留”的行业

旅游分为动态和静态两大形态：动态即指旅行交通；静态则指人在旅游地的逗留和与逗留有关的行业，如旅馆业、餐饮业，以及博物馆、公园、娱乐设施等。这都与旅游业有密切的关系。

（2）根据旅游业务划分

根据联合国的《国际标准产业分类》，以及对从事旅游业务经营部门加以分析，旅游业主要由以旅馆为代表的住宿部门、旅行社部门和交通客运部门三部分构成。在我国，通常将住宿业、旅行社业和交通运输业称为旅游业的“三大支柱产业”，而本书认为，旅游产业由“四大支柱产业”构成，分别为旅游住宿业、旅行社业、旅游交通业和旅游购物品经营业，接下来对之分别加以分析。

①旅游住宿业

旅游住宿业是利用住宿场地和设施设备，以生活服务的方式向需要临时投宿的旅游者提供休息环境与安全保障的接待组织。根据旅游住宿业的特点和国际旅游业发展的新形势，旅游住宿业在旅游业的发展中有以下作用。

第一，旅游住宿业是为旅游者提供住宿、娱乐环境的服务基地。旅游者将旅馆当作临时的家，旅馆应尽可能满足旅游者各方面的要求。随着现代人对旅游消费要求的提高，他们对旅馆服务质量的期望也日益增加。如住宿的多样化要求、多功能要求、多层次要求等。多样化要求的具体形式包括汽车旅馆、商务旅馆等；多功能要求的具体形式包括会议中心、康乐中心、健身中心等；多层次要求的具体形式包括豪华旅馆、经济型旅馆、标准旅馆等。

第二，旅游住宿业在人们的社交活动中扮演着重要的角色。在一个地区或城市，住宿业尤其是酒店和宾馆是重要的社交场所和当地社交活动的中心。酒店的功能已经得到拓展，不仅可以满足纯粹旅游者的需求，还能够满足商务客人和当地居民的需求。酒店是一个多功能的社交空间，可以为商务、会议、休息、康复和娱乐等不同需求的人群提供服务，成为人们重要的社交场所。

第三，旅游住宿业的建设情况反映了其接待游客的能力和水平。酒店是进行商务洽谈、举办会议和开展娱乐活动等各种社会经济活动的重要场所。在推动国际交流和开放的过程中，酒店建设具有至关重要的作用。因此，许多强调国际交流和开放的国家和地区，在规划旅游业和国民经济发展时，非常重视酒店建设。

从这一意义上来说，酒店的水平是评估国家和地区旅游发展水平的一个重要标准，其中包括房间数量、床位数量、设施、设备、服务项目以及服务质量等。

第四，旅游住宿业对于旅游收入具有重要影响。地区旅游经济的主要收益之一来源于住宿业，住宿业因此成为促进旅游业发展的重要推动力量。

第五，旅游住宿业为就业提供了重要的机会。与其他服务业相似，旅游住宿业所提供的产品是劳务服务，属于劳动密集型行业的典型代表。酒店的明确分工需要许多服务员就业，此外还需要许多间接服务岗位给予协助，如厨师、维修人员、洗衣工、保安、采购员等。

②旅行社业

作为旅游业的代表，旅行社业不仅充分体现出了经济性与服务性，还具有其他企业所不具备的中介性。旅行社业促进了旅游活动的社会化，将原本分散和个别的旅游活动整合起来，连接起客源地和旅游目的地，为来自不同国家和地区的旅游者和旅游经营者架起了一座桥梁。同时，它还将各旅游相关企业联系在一起，开创了一种新的信息传递和资源整合方式。因而，旅行社业的作用不仅仅是旅游者和旅游对象的中介体，还具备在多个旅游企业之间进行组织和协作的功能。

以下是旅行社业在旅游业中显著发挥作用的几个方面。

第一，旅行社业是旅游行业中不可或缺的一环，也是旅游业产生的重要标志。旅行社业在旅游业中扮演着重要的领导和协调角色。

第二，旅行社业在旅游业中扮演了连接和协调的角色。旅行社销售的是各种旅游产品，它们为旅游者提供的服务是综合性的服务。

第三，旅行社业之所以存在并取得长足发展，是因为它们创造了一种全新的信息传递和资源整合方式，并把这两种方式结合起来，构建出高效的组织形式。

第四，旅行社业的高质量服务可以在一定程度上加强和拓展旅游业的政治与文化影响力。旅行社致力于提升服务水平，使旅游者在任何时间、任何地点都感受到当地人民真挚的招待，这有助于加深双方的相互了解和感情。

③旅游交通业

按照传统的产业分类标准，交通运输业比旅游业成立得早，两者之间也是独立存在的。交通运输泛指的是人和物体的搬运，而旅游交通只是交通客运中的一部分。实际上，交通客运不仅仅是为旅游者提供服务，还承担着运输其他类型客人的任务，这两者很难单独区分开。因此，在现代旅游学的探究中，旅游交通代表了旅游者在不同旅游目的地之间进行运输的方式，而在现实中，旅游交通指的就是交通客运业。

旅游交通在解决人们旅游时的时空矛盾方面具有极为重要的作用，其主要表现如下。

首先，从需求的角度来看，旅游交通是实现旅游者旅游计划的基本前提。旅游者出门旅行前，第一步是需要考虑如何进行空间转移，以到达旅游目的地。此外，还需要考虑不同出行方式所需的时间。由于旅游者的闲暇时间是有限的，因此如果在交通上花费过多的时间，他们可能会考虑改变旅游目的地，或者取消原先的旅游计划。因此，从需求的角度来看，旅游者必须先解决旅游交通的问题，才能进行下一步旅游活动。

其次，从供给方面来看，就旅游业的发展而言，旅游交通是至关重要的。旅游业的生存与发展依赖于游客的到访。旅游业的各项设施和服务只有在游客到来时才能得到充分利用，才能充分发挥它们的作用，展现出它们的实际效果和价值。只有当旅游目的地能够持续吸引大量游客的到来时，旅游业才会有可能实现发展。因此，旅游业的发展程度与可进入性息息相关。

再次，交通运输业在旅游业中占据着重要位置，对于旅游收入和经济创收具有至关重要的作用。旅游交通运输的收益在各个国家的国内旅游收益中都扮演着相当重要的角色。

最后，旅行交通是一个不可忽视的重要因素，对旅游经历至关重要。在旅游活动中，人们需要重视“旅速游缓”的原则，但同时也需要特别留意“出行移动”的品质，因为这在旅游活动中占了相当大的比例。对于普通交通来说，旅游交通更加注重人们的乘坐体验，且旅游目的地的交通工具种类更加多样化，包括高空索道、缆车、索桥、滑道、森林火车等。综合来看，交通在旅游过程中是一个至关重要的环节，需要仔细策划和安排。

旅游者往返于定居地和目的地的交通费用通常不计入该国家或地区的国际旅游收入统计中。因此，在旅游者的整个旅行支出中，交通费用所占比例实际更大。

④旅游购物品经营业

旅游购物品经营业是向旅游者提供旅游日常生活用品和旅游纪念品的行业。旅游购物品经营业提供的购物品除了一部分供旅游者消耗的日用品、消费品外，大都具有纪念的性质。购物行为是旅游行为中一项有目的的活动，它是旅游活动的延伸和旅游印象的物化。缺少了购物品经营业这一环，旅游业的发展就会不健全。因此，销售旅游购物品的企业是旅游业的重要组成部分。

旅游购物品有着礼品与纪念的属性，人们在旅游过程中会购买这些物品，因此旅游购物品的销售收入十分可观。旅游购物品经营业在旅游业的发展中主要有以下作用。

第一，发展旅游购物品经营业是提高旅游业整体经济效益的重要途径。旅游购物品经营业在旅游需求中弹性较大，因此经营旅游购物品的收入具有相对的无限性。旅游购物品本身也有许多优势，如生产成本较低、原材料丰富、就地取材、对生产条件的要求不高、可就地直接换取外汇、创收的利润水平也较高。旅游购物品经营业的收入在当地旅游业总收入中占有较大比重。因此，各国、各地区在发展旅游业时都把旅游购物品经营业作为创汇的重要渠道。如中国香港旅游购物品经营业收入一般占其旅游业总收入的 60% 左右，日本、美国、西欧国家一般都占 40% 以上。

第二，旅游购物品经营业对当地旅游业具有无声的宣传效果。这是因为旅游购物品不仅能反映出旅游目的地的文化艺术或传统，还能满足旅游者在旅游过程中的心理和精神上的需求。发展有特色、有品质的旅游购物品经营业，有助于树立当地旅游业的美好形象，提高其知名度，在旅游业的宣传促销过程中起着潜移默化的作用。

第三，旅游购物品也是一种旅游资源。发展旅游购物品经营业，可增强旅游目的地的吸引力。旅游活动的内容丰富多彩，购物已成为人们进行旅游活动的固定内容。旅游购物品经过开发经营，可对旅游者产生更大的吸引力。香港地区旅游业迅速发展的原因之一，就是它集中了世界许多国家和地区的旅游购物品，被称为旅游者的“购物天堂”。

第四，发展旅游购物品经营业有助于挖掘传统手工艺，保存和弘扬地方文化精髓。旅游购物品经营业和生产部门组织生产、销售具有地方特色的手工业产品，如有独特艺术风格和浓郁地方色彩的手工艺品、有传统风味的土特产品等。这些购物品的设计开发可挖掘和传承传统的手工技艺，弘扬先进的地方或民族文化。

2. 旅游产业的类型

旅游产业虽然关联性大、带动性强，但大致可根据旅游动机和行业构成加以归类。根据旅游动机可以分为观光型旅游产业、度假型旅游产业、文化型旅游产业、社会关系型旅游产业、宗教型旅游产业、经济型旅游产业、会议型旅游产业等；根据旅游产业的行业构成可以分为旅行社业、旅游交通业、旅游住宿业以及旅游购物品经营业。

三、文化的概念

（一）文化的定义

文化是中国古已有之的一个概念。在中国古代典籍中，文化是“文”与“化”的复合，“文”即文字，又通“文章”“文采”；“化”则具有“改变、化生、造化”等含义。最早将“文”与“化”联系起来使用的是《周易·贲卦》“观乎天文，以察时变，观乎人文，以化成天下”。这里的“人文”借指社会生活中的各种人际关系，即人伦序列，如君臣、父子、夫妇、兄弟、朋友等交织构成的网络。两汉以后，文献中开始正式出现“文化”一词。汉朝刘向在《说苑·指武》中说：“圣人之治天下也，先文德而后武力。凡武之兴，为不服也；文化不改，然后加诛。”这里说的“文化”指文德教化，含有修养、教养、德行等含义，与现在人们所讲的文化有所不同。文化在英语中为“culture”，在德语中为“kultur”，它们均源于拉丁语“cultura”。其原意为“耕种、栽培、教育、教养、修养、祭拜”，后引申为物质生产和精神创造等意，与现在所说的文化基本接近。

文化一词虽然和我们朝夕相伴，是我们最为熟悉的词语之一，但要给它下一个准确的定义则极其困难。据美国人类学家克鲁伯和克拉克洪在《文化：关于概念和定义的检讨》一书中的统计，从 1871 年到 1951 年的 80 年间，文化的定义多达 164 种。因此，要给文化下一个准确而公认的定义很不容易。

对文化的定义是随着社会学、人类学、文化学等学科的兴起而不断延伸、变化的。按照《不列颠百科全书》的定义，文化概念分为两类：第一类是“一般性”定义，将文化等同于“总体的人类社会遗产”；第二类是“多元的、相对的”文化概念，即“文化是一种源于历史的生活结构体系，这种体系往往为集团的成员所共有”，它包括这一集团的“语言、传统、习惯和制度，有激励作用的思想、信仰和价值，以及在物质工具和制造工具中的体现”，《辞海》也有类似解释。最早给“文化”下定义的是英国文化人类学家泰勒。他在 1871 年出版的《原始文化》一书中说：“文化或文明，就其广泛的民族学意义来说，乃是包括知识、信仰、艺术、道德、法律、习俗和任何人作为一名社会成员而获得的能力和习惯在内的复杂整体。”

在西方学者的影响下，我国学者也对文化的定义展开了积极探讨。中国近现代思想家钱穆认为：“文化即人生，文化是我们大群集体人生一总合体，亦可说是此大群集体人生一精神的共业。此一大群体人生是多方面的，如政治、经济、军事，如文学、艺术，如宗教、教育、道德，皆是。综合此多方面，始称作文化。”①

上述关于文化的种种定义及其描述，尽管相互之间有差异，但都认为文化是人类社会历史的精神与物质的复合体。除纯粹的自然物以外，一切的一切均属于文化现象。即便是狭义上的文化，似乎也无所不包。由于概念的外延过于宽泛，显得笼统、模糊，因而难以找到一个恰当的出发点，而且也不易对文化现象进行深入的研究。所以，笔者认同多数学者的倾向，认为可以从观念形态的角度来给文化下定义。

笔者认为，文化是人类创造一切物质成果和精神成果的过程和结果的总和。

（二）文化的特征与功能

1. 文化的特征

关于文化的特征，至今众说纷纭。根据一些专家的研究，文化具有超自然性和超个体性，贯通时空的普遍性、永恒性，具体形态的民族性、阶级性、时代性以及传承性和变异性等特征。

由于文化的主体是人，可以说文化就是“人化”，根据文化与人的本质联系不难看出，文化具有创造性、自由性、对象性和变异性四大特征。

（1）文化具有创造性

这是文化最主要的特征之一。意识与实践的作用导致了文化产物的丰富性、高级性，而这些丰富多彩的文化事物都不是自然界所生成的。正是由于这个原因，我们认为，文化世界是高于自然物质世界的，文化的创造性就在于此。

创造性的文化具有时间性和空间性。文化的空间性指的是文化随空间区域的不同而形成的不同的文化层次、文化类型，乃至各种各样的文化群、文化圈。而文化的时间性是指文化本身就有自己的起源、演化、变迁的发展过程。文化也有积累、革命和淘汰等过程，使得文化在时间上表现为一种进化与分化、积累与沉淀、层次与统一、目的性与自然决定性的复杂的过程。

（2）文化具有自由性

这是与文化的创造性紧密相关的。人本身也是一种高级动物，而要把人和其他动物区别开来，必然要有一定的标志，因此可以说，人要是没有文化，也就不成为人了。人还要有自由，可以通过创造文化、使用文化来获得自由。文化的自由性还体现在其具有的开放性和历史性特征上。

---

① 钱穆．文化与教育[M]．北京：九州出版社，2011.

文化是一个不可分割的整体，具有开放性的特征。尽管人有不同的个体化表现，但人类在面对世界时，始终以整体的身份存在。各种文化群体和文化圈之间，尤其是在物质文化方面，并不是彼此隔离、闭塞的，而是开放、交流、互相影响的。文化是全人类的文化。

文化是人类实现自身价值的历程。人类的本质力量体现在其感性活动上。在主观和客观方面看，实践都是一个过程。因此，文化作为人类本质力量的体现是动态的，存在着持续变化的趋势。那些一成不变、死板的文化是没有价值的。人类创造文化是为了达成各种特定目的的。当达成一种目的后就会产生一种全新的文化。因而，文化是社会历史发展的一个现象，具有历史性。

（3）文化具有对象性

人作为文化的主体，需要与外界互动来展现自身存在的本质与力量，同时也要实现自己的价值。人通过实践将事物纳入心智内化的对象化世界，从而让这些事物成为文化中的元素，这也是实现对象化的关键所在。因此，没有无对象化的文化，也不是所有事物都能被定义为文化。

文化的对象性导致了文化的载体性。这是文化产生和存在的必要条件。没有一定的对象作为载体，文化是不会凭空产生、凭空存在的。

（4）文化具有变异性

这与文化的变化发展密切相关。人类是一个不断创造、不断发明的群体。我们在继承前辈物质成果和精神成果的基础上，还将进行新的创造和发明，通过不断地累积和沉淀将形成新的文化。同时，文化与文化之间的相互碰撞、交流，也会打破旧的文化传统，形成新的文化类型。正是因为承袭性和变异性的统一，文化才得以不断发展、不断进步。

2. 文化的功能

认识文化的功能有助于我们更加全面而深刻地认识文化的内涵和价值。文化的功能可以归纳为以下几种。

（1）文化的社会功能

文化是一种强大的精神能量，它能够将人们对世界的认知与改造行动化为物质力量，并深刻影响着社会的发展。这种影响不仅体现在个人的成长经历中，也在民族和国家的历史上得到了呈现。良好的文化能够极大地促进社会的发展，而落后腐朽的文化则会成为社会发展的拦路虎。

（2）文化的国家功能

在当今世界中，各国在综合国力方面的角逐越来越激烈。随着综合国力竞争的不断升级，文化的重要性和影响力越来越凸显。民族的生命力、创造力和凝聚力正是文化的力量深深融入其中的体现。因此，文化成了综合国力的重要标志。

（3）文化的人本功能

①优秀文化能丰富人的精神世界

人们创造出了文化，而文化也在影响着人们的思想和行为。文化的优良品质可以为人的精神世界提供丰富的滋养。参与健康的文化活动、持续充实内在精神世界，是塑造健康人格的重要方法。

②优秀文化能增强人的精神力量

出色的文化作品具备独特的感染力和感召力，可以深深地触动人的心灵，在给人力量的同时，也成为引领人们前进的标志，照亮人们前行的道路。并且，这种精神力量通常能够持久地存在，并且激励着人们不断追求美好和幸福的生活。

③优秀文化能促进人的全面发展

人类在思想道德、科学文化和健康方面的素质都得到了全面的发展和提升。优秀的文化品质是人类精神成长的重要食粮，对于促进人的全面发展具有无可替代的价值。随着生活水平的提高，人们对物质生活的需求逐渐得到满足，而优秀的文化对推动人类全面发展的作用变得越来越明显。

（三）文化的层次与类型

1. 文化的层次

关于文化层次，广义文化说认为文化由物质、行为、心态三个层次所构成；狭义文化说认为文化由社会心理和社会意识形态两个层次所构成。

文化学家比较一致的看法是，文化由三个不同的要素和层次构成，一是文化的物质要素和物质层次，即我们通常所说的物质文化，主要包括各种生产工具、生活用具以及其他各种物质产品；二是文化行为要素和行为方式层次，即我们通常所说的行为文化，主要包括行为规范、风俗习惯、生活制度等；三是文化的心理要素和精神层次，即我们通常所说的精神文化和观念文化，主要包括思维方式、思想观点、价值观念、审美情趣、道德情操等。

中国当代文化史家庞朴先生认为，文化应由“物质的－制度的－心理的（精神的）”三个不同层次的结构构成。其中，文化的物质层次是最表层的；而审美情趣、价值观念、道德规范、宗教信仰、思维方式等属于最深层的；介乎二者之间的是种种制度和理论体系。[①] 这种观点在我国学术界影响最大，也最为流行。

① 庞朴．中国文化十一讲[M]．北京：中华书局，2008．

现在关于文化层次的观点，学术界比较权威的有文化洋葱说和文化冰山说。

（1）文化洋葱说

文化洋葱说认为文化像洋葱一样具有层次之分，由浅入深，具体可分为表层文化、中层文化和核心文化三部分。

①表层文化

它是指我们平时能观察到的文化。由表层文化表现出来的文化特征常常给人以强烈的直接冲击，让人感受到文化的存在和力量。表层文化往往通过外在物品表现出来。外在物品内涵丰富、范围极广，而语言是其中特殊的一种。语言不可见、不可触摸，却可以听到，亦是一个客观存在。其余的如艺术品、电影、绘画，甚至商店和市场等，也都属于表层文化。

②中层文化

它是指一个社会的规范和价值观。在这里，社会规范和价值观是两个不同的概念。社会规范是指一个群体中的多数人在某一情形下都会做的事。价值观则是指一个群体对于好坏是非的共同认识。社会规范之所以不同于价值观，主要在于大多数人都在做的事情不一定就是对的，而只有少数人坚持的行为也未必就是坏事。一个社会的价值观决定这个社会对“好与坏”的定义，与该社会群体共有的理想密切相关。文化理念不同就会导致该文化中的人们千百种不同的行为表现。

③核心文化

它是指一个社会广泛认可的“人为什么存在”的假设，涉及该社会中人们最深入心扉、不可动摇的信仰，如人类天生的权利、人的存在价值、个体与集体的关系等。例如，有的国家核心文化中最重要的一部分是个体的独立和自由。这些理念是这些国家的人民生活所依据的基本原则，是其社会存在的不可动摇的基础。

（2）文化冰山说

文化冰山说认为文化由两部分组成，即显性部分和隐性部分。显性部分就是出现在冰山表面的部分。隐性部分指的是那些被水覆盖而无法直接看到的部分。冰山说强调了这种隐蔽的部分比显露在水面上的部分要多得多。以文化为例，我们通常所能看到的文化表象只是冰山的一角，而文化的本质都藏在水下。如果将冰山说与洋葱说进行比较可以发现，冰山一角也就是洋葱的表层，而冰山的水下部分则既包括了洋葱的中层，也包括了其核心层。回顾文化的产生和形成历史，人类所创造的一切物质和精神产品都属于文化，文化因而具有物质和精神的双重属性，上述文化的定义也指出了这一点。事实上，文化的显性部分就是人类所创造的物质财富，而文化的隐性部分就是人类所创造的精神财富。文化就是二者的综合体，它是人类活动的历史积淀，是人类所创造的物质财富和精神财富的总和。

①文化显性部分行为模式

文化显性部分行为模式是指人类在认识和改造自然的过程中所创建的物质文化实体模式。简单来说，文化是一切可以通过视觉、听觉、触觉等感官实际感受和体验到的人类文明成果，如园林、建筑、绘画、舞蹈、诗歌、雕塑、娱乐等，都是由人类行为所产生的物质文化实体。

这种行为模式在人类社会中占有重要的地位。人类的种种物质文化生活就是建立在这种文化行为模式基础之上的，其发展过程体现了人类社会生产力的发展，如科学技术的发展、研究、创新，物质设施的生产、制造、更新，无不体现了人类文化行为模式的发展，同时也促进了人类社会的发展。

②文化隐性部分行为模式

文化隐性部分行为模式是指人类塑造其内在精神意识的行为模式，如精神意识、思维方式、思想风貌、心理状态、道德情操、审美、信仰、典章制度、社会风俗等。这一文化行为模式都是由人类思维理念所塑造的理性产物，更加强调文化的心理内涵。我们只能通过精神层面的感受去学习和理解，而无法直接借助感官去了解。

文化隐性部分行为模式体现了人类对世界的认识水平，体现了群体对社会行为规范的要求，体现了个人的道德情操，体现了人们智慧修养的高低。虽然只是一种看不见的精神理念，不是具体的物质实体，但内隐的文化行为模式却是人类文化的主体。人类只有先有了内隐的文化行为模式，才能产生外显的物质文化行为模式，因此它是人类外在行为的驱动力、指挥者。

2．文化的类型

文化类型是一种基于相似文化特征或特质而形成的地理单元或学科单元，其相似性源于自然环境和生存方式的差异，以及观念、信仰、兴趣、行为、习惯、智力发展方向和心理性格的不同。

文化类型是一种对文化进行分类的术语，它反映了在某一地理环境及其历史背景下人们形成的文化形态特征。本书基于地理单元的划分方式，认为文化可以被划分为东方文化与西方文化两种。东方文化的代表是中国文化，中国文化可以分为 10 个亚文化区：东部山丘平原汉族文化区，包括东北关东文化区、黄河中下游及海河流域华夏文化区、华东吴越徽文化区、华中荆楚巴蜀文化区和东南沿海及岛屿百越文化区；西部草原高原山地与荒漠少数民族文化区，包括内蒙古草原文化区、西北干旱半干旱区文化区、云贵高原文化区、青藏高原文化区和湘鄂渝黔桂边境山地文化区。按照学科单元来划分，文化可以分为历史文化、宗教文化、园林文化、建筑文化、服饰文化、饮食文化、民俗文化等类型。

四、文化产业的概念

（一）文化产业的定义

1947 年，“文化产业”（cultural industry）在由德国法兰克福学派学者阿多诺和霍克海默联合撰写的文章《启蒙辩证法》中首先提出，他们认为文化产业是文化产品生产与价值原则的结合，文化产业是标准化、模式化的。同时，他们还从哲学价值和艺术的角度对文化产业进行了批判。法兰克福学派对文化产业基本持否定态度，但随着文化产业的迅猛发展，法兰克福学派这一理论的局限性日益显现。20 世纪 70 年代后，越来越多的学者开始以经济学、社会学和管理学等为基础，对文化产业展开了跨学科的广泛研究。

文化产业一词出现已有 60 多年历史，但是由于各国在历史背景、经济发展历程、政府执政政策等方面有着巨大的差异，从而导致世界各国对文化产业的界定各不相同，至今尚未形成被广泛认可的统一定义。

1980 年 6 月，联合国教科文组织在蒙特利尔会议上提出，文化产业是按照工业标准生产、再生产、储存以及分配文化产品和服务的一系列活动，这些活动基本上受到著作权的保护。同时，联合国教科文组织还强调了文化产业产生的条件主要不是文化因素而是经济因素。从产业经济学的视角来看，联合国教科文组织对文化产业的定义是按照对产业的一般定义来概括的，带有工业化时代的规模化生产、标准化生产特点。澳大利亚学者索斯比认为，文化产业是在生产过程中包含创造性，且凝结一定程度的知识产权，并传递象征性意义的文化产品和服务。顾江教授认为文化产业是生产、提供同类或具有密切替代关系的文化产品、服务的企业的集合。胡惠林教授指出文化产业和其他产业一样具有产业属性，同时还具有文化属性，是文化和经济的综合性概念。

世界各国对文化产业的定义各不相同。如美国在发展文化产业时，非常重视知识产权的保护，因此文化产业在美国通常指涉及版权的“版权产业”；英国强调文化产业的创造力，认为源于个人创造力与技能才华、通过知识产权的生成和取用、具有创造财富并增加就业潜力的产业即为文化创意产业；韩国认为文化产业是以文化和艺术作为源泉，对其进行存储，然后在一定程度上对创造性的成果进行大量生产，或者从最初就对个人创造性的内容进行灵活运用的行业；日本将文化产业统称为“娱乐观光业”；文化产业在澳大利亚被称为“文化娱乐业”。总之，由于世界各国资源禀赋和发展实际的不同，在定义文化产业的过程中必然根据各自发展的需要因地制宜，因此也就导致了文化产业内涵和外延的多元化。

直到 1985 年，文化产业概念才第一次在我国出现。1992 年，党中央、国务院作出《关于加快发展第三产业的决定》，其中明确提出了“文化产业”，这是我国政府首次对文化的“产业”性质的认可。随着我国经济社会的发展，文化产业逐渐得到各方的重视。

对文化产业的相关内容进行梳理后，文化产业的概念可被划分为狭义上的与广义上的。文化产品狭义上的定义就是从“原创”“创意”的角度出发，囊括了文学艺术创作、音乐制作、摄影、舞蹈、工业设计、建筑设计等多种富有创意性的艺术活动，又同时覆盖了文化艺术活动的生产、销售和各种形式的文化演出活动等。从广义的角度来看，文化产业是以文化意义为基础的产业，其中包括任何带有文化特征的产品。就所提供的产品本质而言，文化产业是一种提供精神性产品或服务的行业，旨在服务于广大消费者。就文化行业的经济增长过程而言，文化产业涉及一系列活动，包括生产、再生产、储存和分配文化产品和服务，其运作方式类似于工业的运作方式。

（二）文化产业的属性与特征

1. 文化产业的属性

（1）文化产业的物质与文化属性

文化产业的生产致力于为人们提供满足文化生活需求的产品和服务，其构成通常包括物质和非物质材料，如图书、音像制品等。消费者购买时不仅关注产品的实际形态，更注重其中所蕴含的文化内涵。人们购买文化产品的主要目的在于满足个人文化需求、消遣、享受休闲时光以及扩展自己的专业知识和思维能力。尽管人们在使用文化产品时可能会损坏它们的外在形态，但这些产品所传达的人类价值观、道德标准和审美标准等文化和精神财富是无法消失的。相反，这些财富会不断地通过新的文化成果得以传承和发扬光大。在文化产品中，文化内容和物质形式是密不可分的。一方面，没有文化内容的物质形式就像自然状态下的物品般毫无意义；另一方面，不依靠物质形式存在的文化内容也只是停留在人们的思维中，无法以物化的文化产品满足人类社会日益增长的精神和文化需求。

文化属性是文化产业的根本属性和核心特征，它呈现出文化产业的整个生产经营活动的本质。文化产业以文化为核心，涵盖生产、流通和宣传等多个领域，它不仅能够满足人们对于精神生活的需求，还能够促进社会文明的进步和发展。人类社会进化与发展的基本要素就是人类社会的文化发展与文明进步。世界文化产业的发展历程表明，随着技术和产业形态的不断超越与升级，文化产业为人类社会提供了更广泛的交流和沟通方式，帮助人们更好地认知世界。与此同时，文化产业也促进了人类社会改变和进步的方法和途径，深刻地推动了人类社会文明和文化的发展。

文化产业与信息产业的融合推动了人类社会文化传播方式由纸质向数字化、电子化的转变，进而全面影响了人们的交流方式和思维模式。电视作为一种“隐秘”的教育工具，正在塑造新的社会文化特征。正如电影的发明对人类社会关系和文化传播产生了革命性变革一样，手机视频、网络资讯等新兴文化产业形态正迅速崛起，逐步成为未来人类社会文化的重要存在方式。

（2）文化产业的经济属性

如今，经营文化已经成为创造财富的趋势之一。满足人们对于精神文化的需求不仅拉动了相应的消费需求，同时也为经济发展提供了全新的增长空间。因此，满足人们的精神文化需求已经成为推动经济增长至关重要的因素。通常来说，文化产业的经济性质主要体现在其作为一种产业形式所呈现出的特点上，以及对社会经济发展所做出的积极贡献上。在产业经济学领域，所谓的产业指的是一组生产和经营同类产品的企业群，这类企业群处于微观经济细胞（家庭、企业）和宏观经济单位（国民经济）之间。文化产业是专注于制造和销售文化产品的企业群。就像其他行业一样，文化产业也具备经济属性，其旨在实现经济效益增长，通过赋予产品附加值来提高企业的市场竞争力。

在文化产业的所有生产和经营过程中，文化产品的生产和消费都会存在于市场经济行为的买卖行为之中，也会发生各种经济关系，以实现各自的经济目标。作为市场中的主体，文化企业需关注投入产出、成本核算、市场发展规律、盈利模式等方面。作为文化产品的消费者，在消费时需要遵循市场经济的原则，即进行商品交换实现文化产品消费。在这里，文化产业的主体与客体之间只是经济行为和经济关系。文化产业的生产和消费过程同其他物质生产产业一样，都要依照市场经济规律进行调节。

文化产品的生产与服务是文化产业工作者运用自己的创造性思维和劳动力创造出来的。这种特殊性使得文化产品与其他普通物质产品相比，在内容和价值上有着难以评估的价值。市场将劳动力价值转化为满足消费者精神文化生活需求的目的，因而劳动力所具有的交换价值体现在其使用价值上。由此可见，文化产业生产的文化产品和服务被消费者接受后，能够同时具备使用价值和交换价值，这就表明了它们具备了经济属性。随着社会经济的不断发展，文化产业凭借其经济属性不断壮大，创造出越来越多的经济效益。在许多国家，文化产业已经成为支撑整个国家经济快速发展的重要力量。

（3）文化产业的政治属性

文化产业所生产的各种产品或服务都涉及对现行社会政治制度、政府方针政策以及国家政权的立场和看法。这些内容的影响力不容小觑，它们会影响人们对政治主体的看法和评价，并且可能对国家政权的稳定和巩固造成影响。因而，文化产业的核心部门（如新闻出版、媒体传播、电影电视等）在社会中扮演着重要的角色，它们作为社会舆论的工具有着强烈的参政性和导向性。

在中国现代文化产业的发展中，我们需要将促进文化产业的繁荣发展视为推进社会主义文化建设的重要任务，同时将发展文化产业看作满足民众精神文化需求的重要途径，并将其融入市场经济体系中。社会主义先进文化的构建需要具体的行动，而非空洞的概念。如今，农民已不局限在田间地头听广播，工人也不再局限于班组读报纸。随着新型文化产业的涌现，文化服务的生产、传播、服务方式也得到了全面升级，成了文化产业服务社会、服务国家的重要途径。在市场经济的运作中，文化产业的政治性特征得以生动地展现出来。

（4）文化产业的意识形态属性

根据马克思主义基本原理，文化属于社会上层建筑的一种意识形态。文化产业的核心内容是生产和经营与文化相关的产品和服务。文化产业的生产和经营活动也具有意识形态属性，这是因为文化产品的生产和服务具有意识形态属性。在文化产业出现之前，文化作为国家上层建筑的组成部分，通过各种文化作品的形式直接反映着统治者的意志，是统治阶级维护其统治利益的工具。文化产业的兴起导致统治阶级利用文化的方式和目的发生了改变，不再像过去那样直接地服务于统治者的意志，而是采用了依托于文化产业的中介方式间接地实现这一目的。这种方式依赖于文化产业所生产的产品和提供的服务。现代社会的文化产业通过制造和提供一系列具有独特思想和文化价值的产品，以服务于社会。这些产品被消费者所采纳，形成文化消费，进而促进了文化消费意义的演变。文化消费意义的演变不仅改变了人们的兴趣爱好、审美观念和购物习惯，更导致人们对个人、家庭、社会和国家等概念的认知发生了深刻且彻底的转变。因此，可以说文化产品，特别是文化产业的核心产品，是一种拥有明显意识形态属性的特殊商品。

从文化产业的属性来看，其涵盖的社会观念和意识形态对国家和社会的影响程度在不同的层面有所不同。这种影响程度的变化可以从相关层、到外围层，再到核心层逐渐加强。其中影响力最大的就是文化产业的核心层，如新闻出版、广播电视、影视作品等。掌握文化产业核心层的主导权，也就相当于掌握了社会意识形态的主导权。广播电视、新闻出版等行业是整个社会意识形态演变中不可或缺的重要因素，因为它们和大众的交流具有直接性与通俗性。由此，它们自然而然地成了文化产业的核心。世界各国政府对广播电视和新闻出版等行业的管理和市场准入的控制也成为各国文化管理的重要部分。由于文化产业在生产和传播过程中呈现出独特的意识形态属性，因此文化产业的准入制度设计和政策规定，以及在文化产业领域的竞争，都成为各国管理意识形态的重要工作之一。

2. 文化产业的特征

文化产业的本质是将文化要素进行产业化，其生产要素为抽象的文化。文化产业的基石和核心是文化要素。尽管具体的物质载体在抽象的文化中扮演了重要角色，但抽象文化元素的重要性远高于物质载体。文化产业的发展需要同时遵循市场经济的规律和文化自身的发展规律，以确保社会效益最大化。社会效益是指活动带来的正面影响，对于整个社会的发展而言具有重要的意义。文化产品的社会效益主要体现在引导和指导功能、服务功能、净化功能等。

正是因为文化产业具有独特的本质特征，才会使得文化产业与其他经济部门有着明显的差异。其特征具体体现在以下几方面。

(1) 文化产品具有商品和公共物品双重属性

文化产品是一种旨在丰富人们精神生活的特殊产品，它具有双重形态，即精神和物质形态。一种存在形式是物化劳动形态，另一种则是活的劳动或劳务形态。就像其他物质商品一样，文化产品在生产过程中也需要投入一定的社会必要劳动，因此也被视为一种劳动产品，具备了一般商品的特点。但是，与其他商品不同，文化产品具有一种公共物品的独特性质，相对于私人物品，纯粹的公共物品具有两个基本特征：非竞争性与非排他性。

通常情况下，人们对于一般物品的消费是以占有和直接使用为主，而对于文化商品的消费，则往往是通过欣赏的方式进行。在购买文化商品时，消耗的是文化艺术的物质载体，但产品所包含的文化价值则不会因此而消失。相反，观众的共鸣会使这些价值得到丰富和延续。很多文化产品不会在消费时就消失不见，如一部优秀的文学作品或电影，可以通过再版和复制长期地流传下去。很多非竞争性的文化产品不会影响其他人的消费，如电视广播里的时事新闻，可以被数亿人同时接触到，且随着受众人数的增加，消费量不会减少，成本也不会增加。某些文化产品是面向公众的，每个人都可以自由地获得和消费，如在城市中公开展示雕塑和画廊，以及在广场和社区举行的音乐会等。文化产品的公共物品属性使得那些对群众有益的文化产品对社会带来了积极的影响。

（2）文化产业的本质在于文化的市场化与产业化

文化产业的独特之处在于它所提供的不是普通的物质产品，而是精神产品，旨在满足消费者的精神文化需求。将文化转化为文化产业是一个历史过程。随着现代科技的进步、城市化程度的加深、人口的高度集中，以及教育普及的深化，现代社会涌现了众多的文化消费者和巨大的市场需求。各种文化元素不仅具备激发人类购买欲望的潜力，还成为现代消费生活的对象。

根据马斯洛的需求层次理论，一旦人的生理需求得到满足，他们将开始关注满足精神生活的需求。在这种情况下，文化不仅仅是人类创造出来的精神活动，还能被当作一种可供人们用于满足精神需求的消费对象。随着市场对文化产品的需求不断增加，文化产业逐渐拓宽了其生产和传播范围，形成了一个创意、生产和销售协同作用的产业链，成为一种独立、新兴的产业形态。

（3）文化产业的知识密集性

文化产业的发展主要依赖于知识，并将其作为主要的增长动力，而物质力量并不是其完全依赖的条件。物质力量是实现文化价值转变为经济价值的辅助手段。文化产业的核心是人的精神、智慧和思想，这些要素是经济效益的来源。内容创意是文化产业的起点，所有其他方面，如生产、再生产和交换，都是以知识和创意为中心展开的。文化产业是一种投入固定成本高，而边际成本很低，甚至是零边际成本的产业。文化产品的生产初始阶段需要投入大量的固定费用，一旦这些费用完成投入，生产额外的产品时边际成本会急剧降低。例如，制作光盘时，第一张光盘的成本非常昂贵，但随着批量生产的推进，每批光盘的边际成本逐渐降低，甚至后期趋近于零。这表明文化产业在前期必须拥有大规模的经济投入，否则难以实现市场化。

文化产业的知识密集性体现在其需要运用新的思想、理念和方式来整合和发展，以创造财富。因此，文化产业是一种弹性产业，只有当人们的收入水平达到一定程度时，才能满足其精神文化需求，从而推动整个产业的发展。此时文化产业才能作为一个独立的产业兴起与发展。

（4）文化产品的可复制性

尽管文化产业的核心是原创，但是文化产品主要是通过大规模复制原创的文化符号来制造的。但文化产业的复制生产与传统制造业的批量生产所采用的生产方式和过程存在着本质的区别。传统制造业中的汽车生产只能称为制造，而不能被称为复制。复制的意思是将别人的作品直接仿造或稍加修改后作为自己的作品呈现。因此，文化产品的复制可以看作一种对原创载体（如光盘）的原创文化内容进行复制，以及在文化内容上基于个人解读而解码的过程。在文化产业中，标准化生产是指复制品的逼真性与无差别性。从科技载体这一角度来看，文化生产是制造；从产品所承载的文化内容来看，文化生产就是复制。

（5）文化产业的扩展性

在任何经济体系中，产业都应该有明确的边界，以确保其独立运作。不过，文化产业在这方面与其他产业存在明显的区别。文化产业是文化和经济的相互作用带来的结果。这种相互作用使得文化和经济中的多个方面都可以成为文化产业的组成部分。并且，文化产业还在经济与文化之外开辟了新的领域。文化产业在其运营方式方面不仅是经济和文化的相互作用和补充，而且扩大了以知识和信息为资本的生产范围，涵盖了新兴的信息文化产业，这些产业的运营方式主要依赖于智力资本、文化资本和数字资本。文化产业在人类生存发展的空间方面不仅与人类最基本的生存和发展有关，而且还有助于提高人们的生活质量。

正是由于文化具有广义性的特征，使得文化产品也具有广义性，同时还使得文化产业具有包容性与扩展性。因此，在对文化产业进行数量分析和统计时，必须小心处理，不能随意扩大或缩小统计范围，以确保数据的准确性和可比性；在进行国际比较时，需特别关注不同统计口径之间的差异。

（6）文化产业的意识形态性

文化的意识形态性传递到文化产业中，使得文化产业也具有意识形态性。文化产品是一种特殊的产品，它也带有意识形态的特征。在文化产品的生产过程中，存在着商品属性、艺术性和意识性的矛盾。然而，市场机制无法完全有效地解决这种矛盾。因此，文化领域并不能完全市场化，只有那些适合进行市场化运作的文化产品和服务才能在市场上获得成功。就算是在商品化文化生产领域，也应该采取以市场监管为主、以政府调节为辅、以先进文化为引领的原则，有效配置文化资源，不能完全依赖市场自发作用，需要充分发挥政府的作用，实现市场与政府的有机结合。

（三）文化产业的类型

文化产业分为文化产业核心层、文化产业外围层和相关文化产业层。文化产业核心层主要包括新闻服务、出版发行和版权服务、文化艺术服务等。文化产业外围层包括网络文化服务、文化休闲娱乐服务、其他文化服务等。相关文化产业层包括文化用品的生产和销售、文化设备的生产和销售、相关文化产品的生产和销售。

文化产业主要包括图书报刊出版、印刷和发行业，文化艺术业，文物保护业，广播、电影、电视业，文化娱乐业，体育业，摄影及扩印业，园林业（包括公园、动植物园和自然保护区），广告业。有些部门或省市也将旅游业作为文化产业的组成部分，但由于旅游业不仅涉及交通、通信、住宿、餐饮、购物等诸多服务行业，而且与上述文化产业中的各行业交叉较多，很难准确进行行业核算。因此，文化产业中是否包括旅游业尚待有关部门和专家讨论。

第二节　旅游产业与文化产业的关系

一、文化是旅游产业竞争力的核心要素

在现代社会中，旅游与文化有着紧密的联系。旅游是一种经济和文化现象，因此，文化性是旅游业的核心特征之一。在旅游过程中，旅游经营者负责生产、经营与销售文化，而旅游者主要是购买、享受和消费文化的。旅游既是具有强烈经济属性的文化事业，又是具有深厚文化内涵的经济事业。从本质上说，旅游是旅游产业的功能，文化是旅游产业的属性，文化是旅游的灵魂。在当今旅游业的发展中，其文化的竞争越来越明显。

（一）文化资源是旅游产业开发的基础

文化资源是一种特殊的资源，它是在人类社会发展过程中不断积累形成的，蕴藏在悠久的历史长河中。文化资源是指在人们创造和参与文化活动的过程中可利用的各种资源，通常是以精神形态表现出来的。这些资源具有意识性、区域差异性和传承性等特点。随着社会和科技的不断进步，文化资源也逐渐丰富、自我更新并不断发展。文化资源可以按其性质划分为两类：一类是物质文化资源，另一类是精神文化资源。物质文化资源是在自然界中可以被用于文化创造的条件，这些资源是文化产品的物质载体和文化生产的物质手段。精神文化资源是在人类社会发展的历史过程中形成和产生的，存在于人类社会生活之中，需要借助一定

的物质文化手段才能成为文化产品的主要内容。因此，文化资源既有内容的属性（文化内涵），又有形式的属性（文化载体）。

旅游资源按开发对象划分，可分为自然旅游资源和人文旅游资源。人文旅游资源是由社会环境、居民生活、历史文物、民族文化和物质生产方式等因素构成的景观。这些景观融合了丰富的文化元素，与文化资源紧密相关、互相渗透、共生。在对旅游资源的质量评价中，文化特色和文化价值是十分重要的因素。具有文化内涵的旅游资源会吸引到更多的游客。因此，文化资源不仅是旅游产业发展的核心，还是促进旅游业与文化产业融合发展的基石。

（二）文化是旅游产业竞争力的核心

旅游开发正逐渐纵深发展。旅游产业的发展和繁荣程度已不再仅仅取决于旅游者数量的增长，更要看它是否具有丰富的文化内涵和独具特色的旅游产品和服务。当旅游业与文化结合程度高、文化内涵丰富时，旅游经济也会繁荣兴旺。在旅游产品开发方面，倡导从文化层面出发进行开发，以保留文化的完整性和多样性为目标，这两点已经成为一种新的理念和价值取向。

市场竞争过程中，旅游企业通常采取的竞争策略是价格竞争，这是最基础的竞争方式。接下来会转向质量竞争，最终实现最高层次的竞争形式——文化竞争。据研究显示，文化因素在旅游业的发展中扮演着至关重要的角色。实际上，旅游业的竞争可以被视为一种文化竞争。因此，深度挖掘文化资源，并将其融入旅游产品中，为旅游产业注入丰富的文化元素，这是提高旅游产业竞争力的关键因素。

（三）文化是旅游产业可持续发展的驱动力

文化在推动经济发展方面扮演着重要角色，而“经济－文化”的一体化已经成为社会发展的必然趋势，文化也已成为现代经济社会不可或缺的推动力。

随着消费者经济实力的增强和对消费品质要求的提高，现代旅游已经不再局限于观光旅游的基本层次，而是朝着更为高级和丰富的方向发展，不断满足人们对更高层次需要的追求。旅游活动逐渐成为多元化、特色化的文化活动。这就要求旅游产业必须根据旅游者的需求开发具有文化内涵与文化品位的旅游产品，形成旅游品牌，进而增强旅游目的地的吸引力。同时，文化能培养和提高旅游从业人员的文化素质和专业素质，有助于提升餐饮、住宿、娱乐等方面的旅游服务水平，有助于形成先进的旅游企业文化。总之，文化对旅游产业的渗透是多方面的，贯穿于各个环节，成为推动旅游产业可持续发展的重要驱动力。

二、旅游是文化产业化发展的重要载体

（一）旅游开发是文化资源开发的有效方式

文化资源需要经过一定的开发和利用，才能转化为具有经济和社会效益的文化产品，实现文化的产业化发展。而旅游开发是一种能够充分发挥文化资源价值、促进文化产业化实现的有效方式。

同时，还可以通过旅游开发整合原本零碎分散的文化资源，将其转变成具有市场价值的主题文化旅游产品。建筑、服饰、饮食、歌舞、民族节庆、民间工艺在没有开发前是不同类型的文化资源，但通过深挖内涵、统一主题等开发，这些文化资源将转化成互相呼应、有机联系的文化旅游产品，全面凸显旅游目的地的文化形象。

（二）旅游促进文化传播

旅游是文化传播的有效形式，文化能够借助旅游者的空间移动实现传播与扩散。旅游目的地的独特文化会吸引游客前来欣赏游玩，旅游者在探索和体验当地文化的过程中，也将自己的客源地文化带到了旅游目的地，从而在传播当地文化的同时，也促进了文化交流。旅游目的地向游客展示本土文化的同时，也是在传承和发展传统文化。并且，随着客源地文化的不断影响，旅游目的地的传统文化也将随之发生变迁。

尽管现代科技的进步不断加速了文化的传播速度，使其传播范围更加全面，但旅游对文化的传播作用仍然无法被取代。旅游可以通过让旅游者亲身感受和体验来传播文化，这种方式更加直观和深入。这种传播方式是在一种非常自然的环境中潜移默化发生的，因而影响力也更持久。

（三）旅游产业促进文化保护的加强

旅游目的地若想在旅游业中利用文化资源，以获得可观的经济及社会效益，就必须以文化保护为重要前提，要充分挖掘当地的历史古迹和民俗艺术等文化资源，将其加以利用。为了能够持续吸引游客，旅游目的地要更加注重保护其文化资源，可以利用加强宣传和制定法规等手段来实现这一点，并采用科学规划和保护性开发等方法来适当利用文化资源；还可以通过修复历史文化遗迹、促进民间艺术的传承和举办多种文化庆典等方式，来确保传统文化在现代社会中得以传承和发展。

一个地区的旅游业越繁荣，当地社区居民就越积极参与旅游业的发展，也会认识到文化资源是旅游业发展的基础，所以他们也更加注重文化保护。只有保护好文化资源，旅游经济才能健康发展。近年来，这种源于经济目的的保护意识使得不少濒临绝迹的民间工艺品、传统曲艺、民风民俗等得以重新挖掘、整理，并焕发出新活力。

通过以上分析可以看出，旅游产业与文化产业都具有文化的本质属性，二者联系紧密、相互影响，它们之间是共生互融的关系。因此，旅游产业与文化产业的融合成为产业发展的必然趋势。

第三节　旅游产业与文化产业融合发展的理论基础

一、分工理论

一个完整的生产过程是通过一个个操作环节完成的，操作环节是商品生产过程的基本单位。分工的实质就是“不同的操作由不同的人去执行、去担任”。① 分工将带来专业化。专业化是指一个人如果专于生产过程中的某个操作环节，那么他在这个操作环节中的生产效率必然要高于此操作环节中非专业工作者的生产效率。美国经济学家阿林·杨格在《报酬递增与经济进步》中进一步探讨了亚当·斯密的分工理论，他认为专业化与分工密切相关，所有人的专业化经济就是分工经济；所有人的专业化水平形成了社会劳动分工水平，而分工水平决定了经济增长。随着专业化和分工的演进，生产技术不断进步，生产效率不断提高，经济组织结构不断转变。分工在提高个体专业化的同时，还将促进企业生产环节的裂变，形成新企业、新产业。

分工无处不在，企业之间有分工，产业之间有分工，国家之间有分工。随着分工的不断深化，产业不断细分，产业类型不断增加，但是这种产业演变过程并不是一成不变的。某些原本已经独立的产业之间的分工界限逐渐变得模糊，呈现融合发展的现象。这种融合现象并不只出现在当今信息化时代，其实早在机器大工业时期，就曾有一些经济学家发现了某些端倪。但由于当时的分工发展的趋势远远超过了融合，因此融合现象没有引起广泛的关注和研究。但是这些经济思想

① 斯密．国民财富的性质和原因的研究[M]．郭大力，王亚南，译．北京：商务印书馆，1972．

对于研究产业融合现象仍有启示意义，并不妨碍分工理论成为产业融合的基础理论之一。

从字面上看，融合表示从不同方向汇聚到一起，趋向或靠拢于某一交叉点，趋于或达成联合、共同结论。从分工角度看，融合指让个体执行原本由两个或两个以上的个体所执行的操作环节；而分工指不同的操作环节由不同的个体执行，具有分散的含义。由此，分工与融合貌似是两个相反的演变方向，其实不然。在分析分工与融合的关系时，首先应明确这两种运动发生的层级：企业内的两个部门合成一个部门，这是发生在企业内的融合，对应的是企业分工的缩小，但是企业间的分工并没有改变，更不会影响到产业分工；而从产业层级上看，融合将会减少产业间的分工，但增加了产业内的分工。因此，融合总是表现为由一个层级的分工转化为另一个层级的分工。

社会分工的推动使得旅游和文化产业得以兴起，这是物质产品和精神文化产品的生产逐渐分离所导致的。将旅游产业与文化产业融合发展可以看作产业内分工在逐渐替代产业间分工。这种变化不是回归产业间分工的旧模式，而是一种重新组织产业内分工的全新形式，代表着产业发展的新趋势和新模式。

二、产业边界理论

传统工业经济时代，产业部门以采用的技术、产品的特性以及对应的业务为依据划分产业边界。随着工业革命的发展，以机械化生产为特征的工业技术，在增加操作环节的同时，通过专业化分工使各个产业之间的壁垒更加清晰，产业边界日趋固化。识别、判断和分析产业融合首先需要一个既定前提，即产业（包括行业、部门）之间的边界是清晰的，只有当某种经济活动跨越了产业之间既定的范围，产业边界出现模糊化，那么才意味着产业融合的发生。

《辞海》中，边界是指国家之间或地区之间的界线；在系统学中，边界属于基本概念，指系统在与外界环境相互作用中，整体自我调整、控制作用的一定界限。边界的功能是区分系统，通过分析系统的输入与输出，判断不同系统之间、系统与环境之间的关系。边界在系统与环境之间扮演着双重角色：一方面，边界将系统的质与环境的质区分开来，两类质之间的边缘要素通过类聚过程构成分水岭；另一方面，系统边界又通过输入、输出方式将系统与环境联系起来，从而形成系统与环境之间各种各样的关系，并且该关系决定着系统的结构、功能和行为的发展。在边界的定义基础上，郭鸿雁根据系统经济学理论提出：产业边界是由产业经济系统诸多子系统构成的、与外部环境相联系的界面，具有过滤、传感和“胞饮胞吐”等功能以及将外来压力、信息和能量内推、化解到产业内部各有关方面的能力。[①]

过去，我们普遍认为产业的局限性是不可逾越和固化的。但随着现代科技的极速发展，产业正不断被拓展，变得多元化，这就意味着产业的边界开始随之加速变化和扩张。变化之速度愈发迅捷，同时边界也更加明显。在产业系统中，产业边界的作用十分重要。它连接和协调了产业和环境之间的关系，并起到了关键的作用。产业系统的输入与输出受到其所涉及的内容和形式的直接影响，因此对于产业的发展方向、方式和速度起到了至关重要的作用。因此，在产业发展的整个过程中，产业边界扮演着不可或缺的角色。

（一）产业边界的属性

1．开放性

产业边界的开放性程度决定着一个产业的兴衰。任何产业要想在不断变化的环境中发展，就必须通过产业边界与外界环境进行物质、能量和信息的交换，这就要求产业边界必须利用其开放性，积极吸收外界中有利于本产业发展的要素。开放性是产业边界的基本属性，是其他属性的基础。

2．渗透性

在系统学中，边界是以细胞膜似的工作方式，通过渗透实现过滤、传感和“胞饮胞吐”等功能的。产业首先必须能够通过产业边界导入外部环境的物质（信息），才能实现与其他产业进行物质（信息）的交换，因此产业边界必然具有不同程度的渗透性。产业边界的渗透性是实现产业与外部环境之间、产业与产业之间物质（信息）交换的必要条件，是产业边界的重要属性。

但是要注意，产业边界的渗透性是有选择的，只有适应产业发展规律的物质、信息等要素才能通过产业边界渗透到该产业内，同时，一部分内部要素也有可能通过产业边界向外渗透到其他产业内。产业系统内、外要素通过产业边界实现交换，伴随着渗透范围的扩展、渗透程度的加深，产业融合现象也随之呈现。由于产业边界的渗透性影响着产业的扩散方向和速度，因此产业系统的最终边界也将随着渗透活动的停止而固定下来。

3．动态性

传统的产业边界相对清晰、明确、固定，但随着社会经济步入信息化发展阶

① 熊澄宇．世界文化产业研究[M]．北京：清华大学出版社，2012．

段，经济环境千变万化，产业边界在复杂多变的环境中必然随着环境变化而变化，而且这种动态性既可表现为连续变化，也可表现为非连续的跳跃式变化。产业边界的动态性逐渐成为预测产业发展趋势的重要依据。

（二）产业边界的类型

任何系统都存在着边界，不同性质的系统有不同的边界确定方法。根据传统产业分类的四个限制性假定条件——没有替代技术、不存在联合性生产、不存在相同的运作条件及不存在交叉的市场关系，可以将产业边界分为四种类型，即技术边界、业务边界、运作边界和市场边界，如表 1–3–1 所示。各个产业都可能形成其特定的技术边界、业务边界、运作边界和市场边界。但如果这些边界仅存在于产业内的个别企业中，不具有产业代表性时，那么它们只是暂时边界，而不是产业边界；只有边界普遍、长期、固定存在，并形成了产业之间的壁垒时，才能确定其为产业边界。

表 1–3–1　产业边界分类表

边界类型	定义	定义符	表征指标
技术边界	指每一个产业是用一种特定的技术手段及装备和与此相适应的工艺流程来生产某一种产品	生产	专用性程度
业务边界	指每一个产业通过不同的投入、产出方式向消费者提供其产品或服务，并形成自身独特的价值链	产品	差异性程度
运作边界	指每一个产业的活动有其特定的基础平台及其配套条件	组织	专用性程度与可容量
市场边界	指每一个产业的交易是在一个特定市场（包括其规模、区域等）通过不同的环节与流转方式进行的	交易	市场结构性质

一般情况下，消费者认为两个产业提供的产品或服务的功能不同时，这两个产业就具有明确的产业边界。在具体判断产业边界是否发生融合时，可以使用产品边界和组织边界来确定。因为产品边界往往实际上已反映出其背后的技术边界和业务边界。若两个产业生产的产品或服务功能相同，而且两个产业都提供原来各自边界之外的产品或服务时，则两个产业的边界开始出现模糊化。

亚当·斯密的分工理论认为，分工是创造价值的重要源泉，分工专业化是产业形态演进的主流模式。随着社会的发展，产业价值越来越多地来源于产业之间的边界处，融合成为创造产业新价值的重要源泉，产业融合逐渐演变为新的产业发展模式。需要注意的是，为了研究的需要，本书对产业融合研究的前提是无论运用产业的广义定义还是狭义定义，一旦使用“产业”这个概念，那么就认为其边界是相对固定、清晰和明确的；而当不同的产业发生融合时，产业边界逐渐模糊，融合后的产业难以再按原来的产业边界进行明确的产业归类。

（三）旅游产业边界

旅游产业将丰富的旅游资源转化成各种旅游产品，以满足旅游者的需求，再通过旅游市场进行买卖交易。旅游活动可以同时满足游客的需求并带来经济效益，因此这个过程又被称为旅游经济活动。首先，旅游业的支柱是各种自然和人文景观，这些景观需要专业的技术加工和开发，才能成为满足旅游者需求的旅游产品；其次，旅游产品经过宣传、促销等营销活动进入旅游市场，旅游者通过旅行社直接或间接购买相关旅游产品；最后，旅游者通过空间移动到达旅游目的地并实现旅游产品消费。通过这样一系列的运行环节，旅游产品实现了生产、分配、交换和消费。

根据以上对旅游经济活动的分析，再结合产业边界理论可以得出，旅游业在其特有的产业范畴内发展，必须借助专业的技术，对旅游资源进行深度加工和开发。这就形成了旅游业的技术范围与边界。在满足旅游者需求的前提下，经过对旅游资源的多次重组与优化，最终细分出一系列旅游产品和服务，这些产品和服务进而形成了旅游业的产品边界。旅游企业在挖掘旅游资源和推销旅游产品方面都起着不可或缺的作用。作为产业的主导者，旅游企业规定了自身经营的范围。旅游产业的市场范围形成于各种渠道的交流与消费，这种交流与消费推动了旅游产品的运营和旅游产业的进一步壮大。

（四）文化产业边界

随着时间的流逝，文化产业已经发展成为一个拥有独特产业价值链的领域，它通过一系列环节，包括创造性设计、生产制造、文化宣传和文化消费等，来实现其稳定运营和健康发展。文化产业的技术边界在于将各类文化资源转化成符合消费者需求的文化产品和服务。文化产业的产品边界由各种形式的文化产品构成，这些文化产品是文化内容的体现。文化产业的企业主体，即提供文化产品和服务的企业，是文化产业的核心，并且构成了文化产业发展的企业边界。文化产业的市场范围是通过创意构思、生产制作等环节，将文化产品和服务通过不同的传播渠道传递给消费者和企业，并在这个过程中实现价值交换的。

尽管旅游产业和文化产业有不同的技术、产品、企业和市场边界，但我们可以看到，那些专门利用文化资源为旅游产业提供服务的企业本质上都属于文化产业。一些文化企业以服务旅游者的方式展示、销售产品，从而成为旅游行业的一部分。这表明旅游产业与文化产业已经通过产业边界的渗透在实际发展中发生了融合，文化成为两个产业的共同属性，旅游成为两个产业的共同功能。

三、创新经济理论

随着社会经济的发展，现代经济不再仅仅依靠资本和劳动力，创新已经成为现代经济的新的源泉。第一个明确提出创新经济学理论的是美籍奥地利经济学家熊彼特，在其代表作《经济发展理论》中，他首次提出了“创新活动是经济增长的原动力”。在熊彼特的理论中，创新是对生产要素的重新组合，有其自身内在的创造作用，是一种打破旧有生产方式和结构的行为，它对陈旧的事物产生了颠覆性的影响，从而在“旧有”的基础上建立了全新的组织和结构。他将创新划分为五种不同类型：一是产品创新，即推出消费者不熟悉的新型产品，或是赋予现有产品以新特质。二是技术创新，即通过引入新工艺（技术），以更有效率的方式运用现行资源，制造当前的产品。三是市场创新，即探索新的市场领域，进行市场革新。四是资源配置创新，即采用创新的管理方法来管理原材料或半成品的供应。五是组织创新（狭义的制度创新），即通过采用创新性的组织模式，促进产业结构的转型。各国经济学家通过不断的研究，在熊彼特的基础上，将创新经济学理论发展成为当代西方经济学的两个重要派别。其中，技术创新经济学研究的是技术的变革和推广，而制度创新经济学则研究制度的变革和形成。

（一）技术创新

20 世纪 50 年代，随着科学技术的不断发展，人们开始重视技术创新在经济增长和社会发展中的巨大作用。自 20 世纪 80 年代开始，很多学者对技术创新的研究不断深入，逐渐形成了系统的创新理论，并对经济社会的发展产生了积极影响。从总体上看，技术创新研究大体可以分为三个阶段。

第一阶段（20 世纪 50 年代初至 20 世纪 60 年代末）：技术创新研究的复兴阶段。工业革命的快速发展引发了全球的技术革新潮流，引起了各界对技术创新研究的重新关注。美国经济学家索洛进行了专门研究，探究了技术创新的起源、效应、过程与结构等方面。他认为，技术创新是经济增长的内生变量，是经济增长的根本原因。这一观点得到了广泛的认可。就像其他商品一样，技术也会受到市场失灵的影响，如非竞争性和外部性，这可能会影响技术带来的创新收益。因此，政府适当的介入有助于推动技术创新的进展。同时，他还构建了著名的“索洛增长模型”，用于测度技术进步对经济增长的贡献率。

第二阶段（20 世纪 70 年代初至 20 世纪 80 年代中叶）：技术创新的持续兴旺阶段。随着技术进步在经济增长中贡献率的日益提高，技术创新的规律及其对经济增长的影响问题日益引起各国经济学家的关注。英国经济学家弗里曼建立了系统的创新经济学理论体系；英国经济学家斯通曼分析了技术创新扩散的路径依赖，发现新技术的采用、创新成果在不同地区的发展速度各不相同；美国经济学家曼斯菲尔德建立了基础模仿创新理论，深入研究了技术创新与模仿之间的关系。

第三阶段（20 世纪 80 年代中叶）：技术创新的综合发展阶段。这一时期对技术创新的研究呈现综合化、系统化的特点。各国学者在总结已有研究成果的基础上，结合新情况构建系统理论，并从过去的研究领域中选出重点进行深入的专题研究。

（二）制度创新

技术创新的实现很大程度上取决于制度的创新。企业内部的制度创新被许多企业家认为是影响技术创新的第一要素。同时，政府制度的创新可以有效改变企业发展政策，有利于减少技术创新的障碍，提高社会各界对技术创新研究、开发、投资的积极性。

伴随技术创新理论的发展，制度创新研究也在不断推进。各国学者在继承熊彼特创新理论的基础上，与制度经济学相结合，研究制度变革与经济效益之间的关系，由此形成了制度创新经济理论，丰富和发展了创新经济理论。其中，具有代表性的研究学者是美国经济学家诺思和拉坦。

诺思的制度创新代表作包括《制度变迁与美国经济增长》《制度、制度变迁与经济绩效》等，他创立了新制度经济学，并获得了 1993 年的诺贝尔经济学奖。他认为制度创新是组织形式或经营管理形式的新变革，是使创新者获得追加利益的制度变革；制度创新的原因在于创新的预期收益大于预期的成本，而这些收益在现存的制度安排下是无法实现的，只有通过变革现存制度中的障碍因素，才可能会获得预期收益。①

① 戴维斯，诺思．制度变迁与美国经济增长[M]．张志华，译．上海：上海人民出版社，2018.

拉坦运用技术变迁方法研究制度变迁，他将制度创新分为诱致性制度创新和强制性制度创新两种方式。其中，诱致性制度创新是指个人或群体为了追求获利机会，自发地倡导、组织和实施对现有制度安排的改变或替代，或是创造全新的制度安排。这种变迁不仅是对有效制度的需求，更是知识进步的产物。

经过改革开放 40 多年的持续发展，我国经济全面进步，但是在资源和环境的约束下，我国经济发展仍面临一些问题和挑战。于是，近年来我国提出建设创新型国家，其目的就是要加快实现经济增长方式从要素驱动型向创新驱动型的根本转变，使科技创新成为经济社会发展的内在动力和全社会的普遍行为，最终依靠制度创新和科技创新实现经济社会的协调发展。

在这样的发展背景下，传统旅游产业迫切需要通过创新发展实现产业的转型升级，从而实现旅游目的地的可持续发展。产业融合作为一种产业创新发展模式，将会成为旅游经济增长的新动力。同时，它也将改变传统旅游产业的生命周期，使旅游产业不断焕发新活力、新生机。

四、消费需求理论

从心理学角度看，需求是生命有机体由于缺乏某种生理或心理因素而产生的与周围环境不平衡的状态，其可以分为生理需求和心理需求。人类在生存和发展过程中，形成了各种各样的需求，并影响着人类的消费行为。从经济学角度看，需求是指在一定时期内消费者愿意并且能够购买的某种商品的数量，有最终需求与引致需求之分。其中，最终需求是指消费者从商品消费中可以获得满足感而产生对商品消费的需求；引致需求又称为派生需求，指厂商购买生产要素不是为了自身的直接需要，而是为了生产和销售产品获利。引致需求不是来自消费者，而是来自生产者，其反映了厂商对生产要素的需求，取决于消费者对生产者所生产的产品的需求。

1943 年，马斯洛在《人类动机的理论》中，首次提出了著名的需求层次理论。他将人类需求分为五个层次：生理需要、安全需要、归属和爱的需要、尊重需要和自我实现的需要，如图 1–3–1 所示。其中，生理需要是人类维持自身生存的最基本要求，包括衣、食、住、行等方面的要求。安全需要是人类要求保障人身安全、生活稳定，摆脱财产威胁，避免失业、疾病等方面的需要。归属和爱的需要包括两方面：一方面是每个人都希望得到群体的认可和接纳，并能够互相帮助和鼓励；另一方面是每个人都希望得到别人的爱，也希望爱别人。尊重需要既包括对自我成就和自我价值的内部尊重，也包括他人对自己认可的外部尊重。自我实现需要是指实现个人理想、抱负，发挥个人能力达到最高程度，完成与自己能力相称的一切事情的需要。

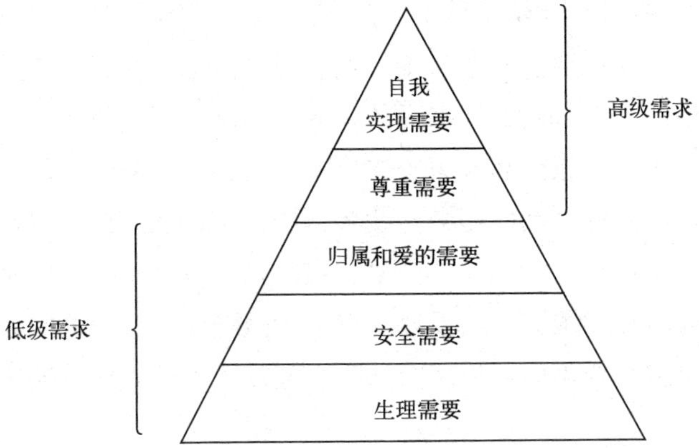

图 1-3-1　马斯洛需求层次理论结构

在这五种需求层次中，又可分为低级需求和高级需求，其中，生理、安全、归属和爱的需要属于低级需求，而尊重、自我实现需要属于高级需求。层次越低，需求越容易得到满足；层次越高，需求越难得到满足。因为，低级需求基本上通过有形的物质世界即可得到满足；而高级需求则需要通过人的内部精神认知才能得到满足，是无形且不可量化的。同时，只有当低层次需求得到满足后，高层次的需求才能凸显。马斯洛需求层次理论为旅游产业与文化产业的融合发展提供了基础理论支持。

人类在满足低层次需求后，会不断追求高层次需求，而旅游产业与文化产业的出现、发展正是人类需求不断升级的表现，它们是以满足消费时代人们的精神文化需求为目的的产业。随着社会经济的发展，居民恩格尔系数不断下降，人们对文化产品、文化服务的需求越来越多、越来越高，对商品中的“文化”要素越来越看重。消费不再仅仅意味着购买商品，还逐渐成为某种文化象征，成为个人价值观的表达方式。随着社会经济的发展，人们的文化需求迅速增长，这就为旅游产业与文化产业的融合发展提供了深厚的社会基础和广阔的市场空间。

消费的动机可以通过需求的视角进行考虑，需求可被分为具备功能性和非功能性的需求。商品的功能性需求源自其内在品质。除了产品的实际品质，消费者对非功能需求的关注还受到其他因素的影响，这些因素影响了他们的购买行为。其主要包括外部消费行为所引起的需求、预期需求、非理性需求。

我们在分析消费者的消费行为时，一般认为消费者的消费行为是彼此独立的，并没有将消费者之间的相互影响纳入消费需求理论之中。但事实上，消费者的消费行为是相互作用、相互影响的。因此，消费需求的影响效应可以被归类为三种，分别是跟潮效应、逆潮效应和凡勃伦效应。所谓跟潮效应，是指消费者因其他人也购买同一种商品而增加购买该商品的需求。逆潮效应是指当一个产品或服务被越来越多的人使用时，该产品或服务的价值或吸引力会降低，因为相对于其他竞争者，该产品或服务的过度使用会导致其市场饱和，从而使消费者对它的需求下降。凡勃伦效应是指当一种商品的价格较高时，消费者对它的需求会增加，而不是因价格较低而增加。跟潮效应反映了消费者跟随潮流和从众的心理；逆潮效应反映了消费者希望与众不同、标新立异的心理；凡勃伦效应反映了消费者进行挥霍性消费的心理。

根据消费需求理论，文化产业提供的很多产品为非功能性需求产品，如人们在艺术品消费中看重的并非其使用功能，而更多的是为了满足审美需要。同时，随着生活水平的提升，人们消费的外部行为表现越来越明显。例如，人们早已不再满足低层次的观光游览旅游，而是更加渴望多元化、个性化、创意性的旅游方式，并试图通过对旅游消费产品的选择来凸显自己的生活方式、价值观。这正是逆潮效应使得消费者在选择旅游产品中更加倾心于另类、独特、具有创意的产品。而独具特色与创意、蕴含文化内涵的旅游产品在满足旅游者需求的同时，也能表现出旅游者独特的个性追求。因此，旅游产业与文化产业将随着消费者需求的变化而不断发展，多样化、个性化、动态化的消费需求将不断促进旅游产业与文化产业的融合发展。

五、“经济－文化”一体化理论

随着经济全球化进程的加快，20 世纪 70 年代以来，一系列社会、环境问题愈加凸显。由此，人们开始反思各种社会发展模式，并逐渐认识到社会、文化、制度等非经济因素，尤其是文化因素，在社会经济发展中起着重要的作用，人们希望利用文化的积极作用来消除经济社会中出现的各种负面问题，重视文化发展逐渐成为社会发展的重要趋势。

经济与文化紧密相连，经济发展离不开相应的历史文化环境，而文化通过影响人类的思想、价值观和行为方式，从而在经济发展中发挥作用。20 世纪末，在以计算机、因特网为代表的高科技推动下，经济、文化迅速发展，并呈现出互动共生的一体化发展态势。一方面，科技进步逐渐成为经济发展的重要驱动力，知识等智力资源逐渐取代传统的优势资源成为经济增长的重要源泉，经济增长的速度越来越取决于科技发展的速度和人们的创新能力；另一方面，经济活动中的生产、交换、分配、消费等环节的文化因素越来越多，商品的价值不仅取决于其功能，而且取决于商品的文化内涵、特色等“文化使用价值”。现代商品的文化含量、文化附加值越来越高，文化因素逐渐在经济发展中起到重要的能动作用。文化是经济发展的重要支撑元素之一，对全球经济的运行方式和形态变革有着至关重要的影响。除了为经济发展提供支撑和精神动力之外，文化也是经济发展必不可少的组成部分。

经济和文化的融合是一种相辅相成、互相渗透的过程，不是单纯地将它们组合在一起。“经济－文化”一体化指的是经济和文化两方面的融合，其中包括经济的文化化和文化的经济化。在现代经济发展中，人们越来越重视文化、科技、信息以及心理等因素的作用，这就是经济的文化化趋势。文化经济化是指将文化纳入市场体系，将文化产业化，将经济运营方式融入文化中，让文化逐渐成为一种具有商业特性和经济效益的生产力，并在社会经济中扮演着重要的角色。“经济－文化”一体化发展趋势表现在：文化的智力资源优势正在取代传统的资源优势，文化、科技对经济增长的贡献率越来越大；科技作为第一生产力的贡献越来越大，逐渐成为经济发展的关键因素；商品的文化含量、文化品位、文化个性以及由此带来的文化附加值越来越成为经济的强大竞争力；随着时间的推移，观念文化对于经济的发展已经变得愈发重要，对此产生的影响也越来越显著；文化产业已成为国家经济的重要支柱之一，文化经济将会在未来成为经济的主导形态。文化元素将在旅游产业的发展中愈发重要，文化产业也将成为推动旅游产业不断向前发展的重要动力。因而，旅游产业和文化产业的融合已经成为新的发展趋势。

六、旅游产业与文化产业融合的概念阐释

一般而言，判断一个领域是否为产业可以从三个方面进行分析：首先，它是否涉及生产或劳务活动。其次，它所提供的产品或服务是否具备可以与其他产业产品区分开的独特特征。最后，它是否具备在同一市场上进行业务联系、生产相似产品或提供相关服务的一组企业。

按照这个判断标准，旅游产业与文化产业都不符合传统的产业定义，因而它们也都不在产业标准分类中。

同时，旅游产业和文化产业都是以需求为导向、以消费活动为中心形成的

具有“产业群”性质的“泛产业”，它们的产业边界不同于界限清晰的传统产业。从资源构成看，凡是能够对旅游者产生吸引力的自然事物、文化事物、社会事物或其他任何客观事物都是旅游资源；而文化资源指的是物质和精神的产物，它们汇聚了人类长期劳动所创造的精华，反映了人们丰富的思维活动。这些资源涵盖了历史人物、文物古迹、民俗、建筑、工艺、宗教信仰、语言文字、戏曲等方面。经观察可知，旅游和文化资源的构成因素非常复杂多样，导致旅游和文化产业的分界线变得模糊不清，同时也为它们的发展创造了丰富多彩的机遇和空间。根据马斯洛需求层次理论，随着社会经济的发展、生活水平的提高，人们开始追求享受、发展和自我价值的实现，消费者的需求开始朝着多样化、层次化发展，旅游产业与文化产业的产品开发、市场运营也随之变化、发展。因此，消费需求的动态化、多元化发展导致旅游产业与文化产业的边界极不确定，旅游产业与文化产业的边界表现出明显的模糊性、渗透性和动态性特征。相比于其他产业，旅游产业与文化产业之间也更易发生渗透、交叉、融合现象。

在前面理论研究的基础上，本书将旅游产业与文化产业的融合定义为，旅游产业与文化产业之间通过相互渗透、相互交融而形成新产业或新产业价值链的动态发展过程。

根据旅游产业和文化产业的定义和分类，有人会对上述定义提出异议，认为旅游产业是包含在文化产业内的，所以旅游产业与文化产业之间不存在产业融合。其实不然，根据前面对分工理论、产业边界理论等理论的分析可知，产业融合发生的空间既可以是不同产业之间，也可以是产业内部不同行业之间。在“产业”概念的基础上，结合旅游产业与文化产业的定义和内涵，可以发现目前旅游产业是部分包含在文化产业内的。由于旅游产业与文化产业的边界本来就极具开放性、模糊性和渗透性，加之在知识经济和信息科学技术的引领下，旅游产业与文化产业的组成和分类变化越来越多，这正是旅游产业与文化产业不断突破产业边界、动态发展的结果。目前，旅游产业与文化产业之间存在的交叉重叠部分正是旅游产业与文化产业融合发展的体现。

如果将旅游产业看作文化产业的组成部分，即旅游产业是部分包括在文化产业内的，那么旅游产业与文化产业融合指的就是在旅游产业与文化产业内的行业进行广泛融合，如图 1−3−2 所示；如果将旅游产业和文化产业视为两个独立的产业，那么融合指这两个产业之间的整合和协同，如图 1−3−3 所示。因此，产业融合并不会因为旅游产业与文化产业的关系而受到影响，在动力系统和路径系统的作用下，旅游产业与文化产业之间的融合将更加广泛而深入。

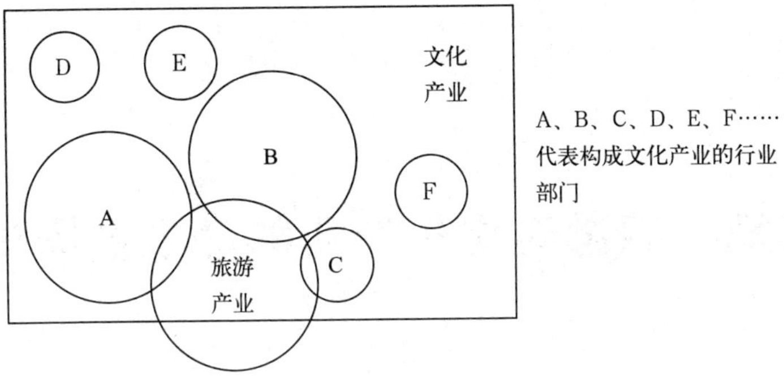

图 1-3-2　旅游产业和文化产业融合示意图（1）

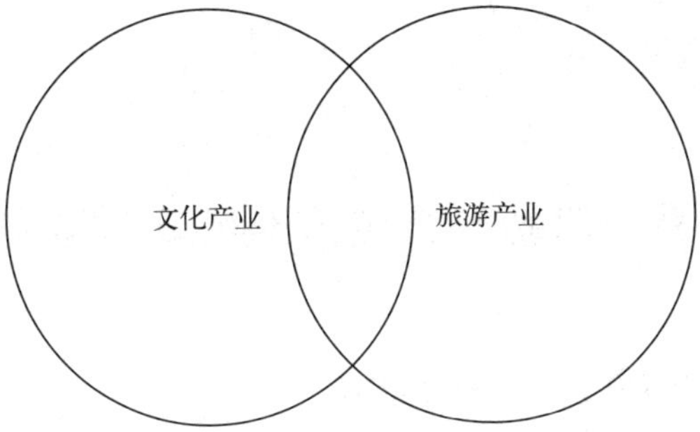

图 1-3-3　旅游产业和文化产业融合示意图（2）

在研究旅游产业与文化产业融合发展时，还需注意其与文化旅游的区别。文化旅游是指那些对体验文化经历有特殊兴趣的游客发生的旅游行为，除了一般的文化遗产旅游，还包括艺术、信仰以及习俗等。[①] 文化旅游市场是重要的旅游细分市场，可以看成旅游产业与文化产业融合的表现，但是旅游产业与文化产业融合的结果并不是仅仅形成文化旅游。旅游产业与文化产业的融合是动态的发展过程，产业链的各个环节都有可能发生交叉、渗透，融合方式与路径多种多样，融合的结果多种多样，文化旅游只是其中的一种表现形式。

文化是旅游的核心和灵魂，旅游是文化的载体。文化因素已经渗透到现代旅游经济活动中的生产、交换、消费等各个环节。通过旅游开发，文化资源有了良好的开发载体、传播平台和保护形式，文化在保护性开发中实现了产业化发展。总之，旅游产业与文化产业相互依存、相互促进、密不可分，文化旅游的兴起表明旅游产业与文化产业之间的融合正在发生。

① 赖辛格，托纳．旅游跨文化行为研究 [M]. 朱路平，译．天津：南开大学出版社，2004.

第二章　旅游与文化产业的融合发展情况

本章主要对旅游和文化产业的融合发展情况进行介绍，主要内容包括旅游与文化产业融合发展的动因、旅游与文化产业融合的障碍和旅游与文化产业融合发展的现状。

第一节　旅游与文化产业融合发展的动因

一、旅游市场与文化市场的需求

伴随着科技现代化的发展，人们在享用科技带来的丰富成果的同时，开始渴望摆脱快节奏、程式化、物质化的压迫生活，期望获得更多精神、情感方面的满足。因此，旅游者的旅游需求也随之发生变化：旅游观念由被动型向主动选择型转变；旅游内容由过去单一需求向多样化需求转变；旅游方式由静态观光向动态参与转变；旅游热点由过去比较稳定向时常变化转变。这些转变意味着旅游产品的内容、形式必须根据旅游者需求的变化而不断变化。

当一种新的旅游需求产生后，就需要新的旅游产品来满足新的旅游需求，而新需求满足后又会产生其他新的旅游需求。因此，整个旅游经济活动就是按照“需求—生产产品—满足需求—新的需求—生产新的产品—满足新的需求”这种模式循环往复的。消费需求和消费水平决定了旅游产业的发展方向和速度。因此，在文化消费需求量越来越大、层次越来越高的背景下，为了更好地满足旅游者的需求，旅游产业开始向体验化、多元化、个性化发展，并且越来越重视产品和服务中的文化因素。消费需求的提升为旅游产业的发展提供了巨大的市场空间，并且成为旅游产业与文化产业融合发展的原动力。

（一）体验经济

20 世纪 70 年代，美国未来学家阿尔文·托夫勒在《未来的冲击》一书中提出了“服务业最终会超过制造业，体验生产又会超过服务业”的观点。继托夫勒之后，美国学者派恩和吉尔摩在《体验经济》中将这种方向进一步阐明为体验经济时代的来临。

体验意为“实际经历”“通过实践认识事物”。1999 年，派恩和吉尔摩在《体验经济》一书中指出，“体验消费就是企业以服务为舞台、以商品为道具、以消费者为中心，从生活与情境出发，塑造感官体验及思维认同，并由此抓住消费者的注意力，创造值得消费者回忆的活动，提供一种让消费者身在其中并且难以忘怀的体验，改变其消费行为，并为产品找到新的生存价值与空间”。体验消费注重人的非物质需要，它从人的个性、偏好、情趣等角度反映模式化的生活方式和观念，将人们在现实生活中对各种关系的感受、理解、直觉通过自己的穿着、吃喝、住行、语言、思维等方面表达出来，凸显自己与现实生活、世界的个性联系。在后现代社会，随着人们消费需求的升级和社会生产力的发展，以消费者体验为中心的新经济形态开始在服务经济的基础上发展起来。个性化、定制化的生产模式逐渐代替规模化、标准化的大机器生产，体验消费逐渐渗透到各个产业部门。体验经济正成为新的经济增长点和现代社会经济发展的趋势，并引导社会经济从注重数量增长到注重质量提升的转变。

旅游是人类基本生理需求和物质需求得到满足后所产生的精神层面的需求。旅游者追求的是愉悦、快乐的旅行经历。旅游的本质是一种体验活动，是一个用感官去综合感受外部世界美妙形象，进而由表及里洞悉感悟内在意蕴的过程。在体验经济时代，企业在营销活动中注重让顾客在获得商品实体的同时，获得文化感受和精神满足。为此，企业会从商品开发到商标命名、广告宣传、销售场景设计等方面，渗入浓郁的文化气息，以满足消费者对情感性、审美性、象征性、符号性等文化价值的需求。这就是文化体验的核心理念。

随着物质生活的日益富裕，人们在消费物质形态产品的同时，更加看重文化形态的消费价值；在文化形态的消费中，又非常注重体验性活动。枯燥乏味的文化接受方式在新时代的冲击下越来越失宠。现代人越来越倾向于选择较为轻松愉悦的方式来获得文化知识、丰富人生阅历。因此，这就为旅游产业与文化产业创造了极大的融合发展空间。在体验经济时代，旅游产业将从生产、销售传统观光产品向生产、销售文化体验转变。文化体验成为旅游产业与文化产业融合的关键节点。

（二）大众消费时代

20 世纪六七十年代，消费逐渐成为西方发达国家社会生产、生活的主导动力和目标，逐渐成为社会的主要特征，并对社会发展的影响越来越大，消费社会已然降临。随着消费社会的发展，商品被赋予越来越多的意义，商品的符号价值和符号功能得到越来越广泛的体现。商品不再仅仅只是一种存在形式，更是成为表达某种意义的文化载体，符号消费已成为现代消费社会的重要特征。1970 年，法国社会学家让·鲍德里亚在《消费社会》一书中指出，物质文明高度发达的现代西方国家已进入消费社会，消费符号化成为重要的时代特征，同时，越来越多的文化产品成为消费品。

以“福特制”（美国管理学家福特首创的一种生产管理制度）为特征的工业社会带来了大众消费时代，而后工业社会则把“消费至上”推向极致。在生产社会，人们主要以生产者角度参与社会生活，关注的主要是商品价值、使用价值等物质性特质；在消费社会，人们关注商品的符号价值方面的精神特质，消费者的信心、激情、活力已经成为经济增长和社会繁荣的主要尺度。

经过 40 多年的改革开放建设，我国社会经济迅速发展，人们的物质生活水平大幅提高，闲暇时间大大增加，社会消费需求已发生深刻变化。生存资料的消费比重不断下降，享受和发展资料的消费比重不断上升，恩格尔系数逐年下降，居民消费从追求数量逐步转向追求质量。居民对文化教育、休闲娱乐等高层次消费品的需求越来越大，消费结构逐步升级。人们从消费中不再仅仅满足于获取物质需要，开始追求精神文化含量更高的生活方式。

基本生存需求主要通过物质消费实现，而高级需求则主要通过文化消费满足。在后工业社会，居民消费早已超出了满足基本生存需求的功能阶段，已经步入具有满足精神需求的高层次享受的功能阶段。文化消费是人们根据自己的主观意愿选择文化产品和服务来满足自身精神需要的消费活动。它具有两个基本特征：第一，文化消费满足的是消费主体的精神需要；第二，用来满足主体需要的主要是精神文化产品或精神文化活动。旅游消费是人们在基本物质生活得到满足之后，在有足够可支配收入和闲暇时间的基础上，在求新、求异、求知的动机刺激下而产生的消费行为。从性质上看，旅游消费是一种较高层次的消费，属于满足需求与享受生活的消费。作为一种追求享受、体验的消费活动，旅游消费本质上属于文化消费。近年来，旅游消费逐渐凸显出旅游者对文化体验的需求、对参与性活动的强烈渴望，旅游者更希望自己是表演者、参与者，而非一般的旁观者。

随着大众消费的不断发展，消费者对旅游产品、文化产品的类型需要将越来越多样、内涵需要将越来越丰富，这就成为旅游产业与文化产业融合发展的重要动力，也将推动旅游产业与文化产业的深层融合发展。

二、旅游产业与文化产业发展政策的引导

当今，文化作为一种软实力已经成为综合国力的重要组成部分，文化产业也已经成为我国国民经济的重要组成部分。新型的大众娱乐业、节庆业、会展业等层出不穷，影视业、新媒体等内容生产业在国民经济中的比重越来越大，报刊业、出版业、艺术演出业等文化产业子系统发展速度越来越快。随着人们精神生活需求的不断增长、非实物化消费趋向的发展、文化与经济的相互融合，文化产业已经被公认为是经济领域中最有活力、最具创新意义且最能获得丰厚收益的产业。

（一）文化产业发展政策的引导

2009 年 7 月，国务院常务会议通过了《文化产业振兴规划》（以下简称《规划》），这标志着我国已经把文化产业视为一个重要的战略性产业，并针对这一产业制定了第一个专业规划。《规划》的目标是增加文化消费，并倡导根据不同城乡居民的消费结构和审美新需求推陈出新，提供更具创意的文化产品和服务。《规划》强调，要增强对文化消费的认知，探索新的消费趋势，并加快建设具备自主知识产权、科技含量高、展现中国文化特色的主题公园；推动相关产业蓬勃发展，通过与文化产业融合开发，提供教育培训、健身、旅游和休闲等服务型消费。将文化和旅游紧密结合已经成为文化产业可持续发展的重要战略。

2009 年 9 月，为了更好地推行《规划》，文化部发布了《关于促进文化产业快速发展的指导意见》。该文件提出了促进文化和旅游相结合在文化旅游领域中的重要性。通过提升旅游内涵，文化可在旅游中得到发掘和传播，进而扩大文化消费和传播渠道，形成具有地方和民族特色的文化旅游项目。同时，该文件还列出“文化旅游节庆活动支持清单”和“国家文化旅游重点计划清单”，以推进演艺和旅游资源整合，在知名旅游景点组织高品质、具有特色的演艺精品展示活动。我们应该在有效保护的前提下，以科学的方式开发并合理利用历史文化名城和文物古迹。此外，我们还要积极挖掘和传承传统手工艺和表演类非物质文化遗产，开发文化旅游产品和工艺品，提高其品质水准，并进一步扩大市场的覆盖范

围。这些较为详细的文化产业发展指导意见为文化产业与旅游产业的融合指明了方向，指出了二者深度融合发展的可行性，成为二者融合发展的强大动力。

2011 年 10 月，中国共产党第十七届中央委员会第六次全体会议通过了《中共中央关于深化文化体制改革 推动社会主义文化大发展大繁荣若干重大问题的决定》（以下简称《决定》）。该《决定》指出，要加快发展文化产业，推动文化产业成为国民经济支柱性产业，增强国家文化软实力，推动中华文化走向世界，开展多渠道多形式多层次对外文化交流，广泛参与世界文明对话，促进文化相互借鉴，增强中华文化在世界上的感召力和影响力，共同维护文化多样性。文化产业体制的改革会推动旅游产业与文化产业不断打破彼此之间的产业壁垒，为它们的融合发展提供强大的外部支撑力，该《决定》对推动文化产业与旅游产业的融合发展具有良好的推动、促进作用。

2012 年 2 月，中共中央办公厅、国务院办公厅印发了《国家“十二五”时期文化改革发展规划纲要》（以下简称《纲要》）。该《纲要》提出，要推动文化产业与旅游、体育、信息、物流、建筑等产业融合发展，提升品牌价值，增加物质产品和现代服务业的附加值和文化含量；扩大文化消费，增加文化消费总量，提高文化消费水平；积极发展文化旅游，促进非物质文化遗产保护传承与旅游相结合，提升旅游的文化内涵，发挥旅游对文化消费的促进作用，支持海南等重点旅游区建设。该《纲要》进一步明确了我国旅游产业与文化产业融合发展的方向。

2022 年 8 月，中共中央办公厅、国务院办公厅印发了《“十四五”文化发展规划》，提出要推动文化和旅游融合发展，坚持以文塑旅、以旅彰文，推动文化和旅游在更广范围、更深层次、更高水平上融合发展，打造独具魅力的中华文化旅游体验，要提升旅游发展的文化内涵、丰富优质旅游供给、优化旅游发展环境、创新融合发展体制机制。

（二）旅游产业发展政策的引导

国务院于 2009 年 12 月发布了《关于加快发展旅游业的意见》，提出了要积极推进旅游业与其他产业和行业（如文化、体育、农业、工业、林业、商业、水利、地质、海洋、环保、气象等）的融合发展。融合不同产业促进了生产性服务业的发展，涵盖了会展旅游、奖励旅游、咨询旅游、拓展培训旅游、考察旅游、疗养旅游、修学旅游等多个方面。

2011 年 11 月，国家旅游局发布了《关于进一步加快发展旅游业的指导意见》，提议应根据改革开放的要求，积极推进旅游产业和文化产业的融合，不断创新资源优势、产品模式和市场需求，促进社会主义文化的大发展和大繁荣；需要掌握各领域的杰出文化，将其中的优点融入旅游产品中；要在文化旅游业领域不断创新，并在产品创意、资源整合、市场推广等方面不断开拓新思路、推陈出新，创造全新的服务模式和商业模式；在旅游产业中，应当注重利用现代科技，以提升旅游产业的技术和文化水平。为了促进“为人民服务，为社会主义服务”与“百花齐放，百家争鸣”方针中更多文化产品的受欢迎程度，需要发掘旅游市场的潜力，进而创造对应的市场需求。我们应该借助旅游业自改革开放以来所积累的宝贵经验和形成的发展机制，为文化体制的改革提供支持，同时推进文化产品进入市场。此外，我们还需要更加努力地推进文化旅游精品的开发。积极倡导并大力投资发展一系列具有全国影响力的文化旅游活动品牌，逐步打造覆盖全国各地的高品质文化旅游资源库。以非物质文化遗产为主体，打造出一套独具特色的旅游产品，旨在加强对它们的保护和延续。提高具有本地特色的旅游演艺的水平。推动文化旅游名街、名镇的壮大，引导并支持它们成为文化旅游的典型区域和实践基地，在规范的前提下，进一步研究探索创建出特色鲜明的文化旅游产业集聚区。推动生产和创造拥有本地文化特征的旅游工艺品和纪念品，促进中国旅游商品的多样化。

2011 年，国家旅游局发布了《中国旅游业“十二五”发展规划纲要》，强调了旅游业和文化产业的深度协同，倡导合理利用文化遗产，不仅限于物质文化遗产，还包括非物质文化遗产，并鼓励发展文化观光、文化体验以及旅游演出等相关活动。要更加深耕全国文化旅游热点项目，引导各地发掘本土特色，积极创新推广符合当地文化特点的旅游产品。同时，打造一系列文化旅游示范地，包括旅游文化街区、文化创意旅游园区和综合文化旅游体验中心等，以呈现其独特的旅游文化魅力。将提高文化素养贯穿到餐饮、住宿、交通、旅游、购物、娱乐等方面及整个旅游产业的发展过程中。

2022 年，国务院发布了《“十四五”旅游业发展规划》，其中明确提出了旅游要与文化相互融合、相互映衬。要全面落实系统观念，加强防范措施，促进民生旅游和带动发展，以创新驱动优质发展，坚持生态优先科学利用的原则。到 2025 年，我国将全面提高旅游业发展水平，全面构建现代旅游业体系。因此，旅游产品供给方面的有效性、品质和灵活性会更加全面、优越，这将有助于更好地满足广大游客对旅游消费的需求。

从以上一系列文化产业、旅游产业的发展政策，以及文化与旅游结合的发展政策中，可以看出旅游产业与文化产业的融合已经成为大势所趋。这些政策进一步指明了我国旅游产业与文化产业的融合发展方向，成为推动旅游产业与文化产业融合发展的重要政策动力，为二者的深层融合奠定了坚实的理论基础。

三、旅游产业转型升级

相比国民经济的发展速度，我国旅游业长期保持适度超前。经过多年的快速发展，我国已经成为世界旅游大国。近年来，我国旅游产业规模不断扩大，旅游经济指标持续增长。同时，信息技术正在加快传统旅游产业的变革。电子商务在旅游产业领域的应用率正以惊人的速度增长。目前在线旅游销售额占旅游总销售额的20%～25%；预估今后5年，世界主要客源地约1/3的旅游产品将通过互联网进行销售。信息技术的广泛应用将加速旅游新产品和旅游新业态的出现、加快旅游产业转型升级的步伐。我国旅游产业的发展面临巨大的机遇与挑战。

因此，我国旅游产业在发展过程中需要通过转变发展方式以提升旅游产业素质，通过转型升级实现旅游产业结构优化，通过协调生产要素、创新业态来推动旅游产业的持续发展。同时，激烈的市场竞争要求旅游产业由观光向休闲、度假转变，产业结构由单一化向多样化、特色化转变，开发模式由粗放型、数量型向精细型、素质型转变，产业功能由经济功能向文化功能、生态功能等综合功能转变。只有这样，旅游产业才能实现产业结构的转型升级。在这样的压力下，旅游产业将通过与文化产业的融合来创新产业发展模式、丰富产业内涵、提升产业价值、增强产业竞争力，从而加快旅游产业的转型升级。

四、现代科技创新的推动

科技作为经济增长和经济发展的内生变量在经济等领域中起着越来越重要的作用。科学技术化与技术科学化使当代科学技术在物质生产中的地位和作用大大加强，已成为现代社会生产力发展的第一要素。而且，科技创新在产业转型的过程中具有极其重要的意义，它可以通过改进生产技术和工艺流程，降低企业的生产成本、提高产品质量、降低产品价格；同时，技术创新有利于加速新产品和新服务的出现、改进产品服务、提升产业素质，并使产业发展要素在产业之间重新配置，推动产业转型。需要注意的是，一项技术创新只有在它被广泛使用和推广时，才能真正体现出它的经济价值和社会价值。技术的创新及扩散是促进一个国家产业结构高级化和经济增长的根本途径之一。

融合文化和科技是增强文化产业竞争力的重要途径。文化与科技的互动一直紧密相连。在科技不断进步的过程中，每一次的重大成果都会对文化的宣传方式、表现形式、发展趋势产生巨大的影响，实现人类文明发展的重大跨越。新艺术运动的出现受到了第一次工业革命的直接影响。在电气时代，随着第二次工业革命的到来，电影、广播和电视业应运而生。数字技术和网络技术的迅速发展创造出新的思想文化传播载体，并催生了新的文化形态。科技创新对文化产业的发展起到了广泛而深远的影响。现代科技不仅为文化产品生产提供了基础性的工具，如制图软件、仿真模拟技术等，而且为文化产品的销售构建了较为完善的网络体系，如从网络销售到网上银行支付等。与此同时，现代科技直接催生了数字立体电影、动漫、文化创意、数字出版等新兴文化业态，在这些具有高附加价值的新业态的拉动下，文化产业迅速转型升级。

现代科技在旅游产业的应用范围越来越广泛。从某种程度上而言，现代科技的运用促进了休闲时代的到来以及旅游主体的扩大，科技含量的高低决定了某个区域旅游业发展速度的快慢和发展质量的好坏。而且，科学技术有助于旅游产品的开发和拓展。例如，旅游资源的开发要借助地理信息系统、遥感、全球定位系统等科学技术的支持；对旅游资源的挖掘、开发与保护也都离不开高科技的支持；在旅游产品的体验上，科技的力量更不容小觑，不管是主题游乐园造就的梦幻氛围，还是极限探险旅游活动的开展，都得依靠科技的力量才能完成。

20 世纪 90 年代以来，随着通信与信息技术的日益完善、各种新技术的广泛应用，全球出现了产业融合发展的热潮。现代科技创新是产业融合的源泉，其在旅游产业与文化产业融合发展过程中发挥着重要的推动作用，主要表现在：第一，技术创新有利于开发出关联性或替代性技术，这些新技术在旅游产业与文化产业之间扩散，并通过技术融合形成两个产业共同的技术基础，使产业之间的边界趋于模糊，从而促进产业融合不断发展；第二，技术创新有利于降低旅游产业与文化产业的生产成本，丰富旅游产品与文化产品的内容和形式，提高产品和服务质量，从而为融合提供动力；第三，技术创新会改变旅游市场与文化市场的需求特征，能够创造更多新的市场需求，而市场需求的扩大又进一步促进产品的创新，进而为旅游产业与文化产业的融合提供更广阔的市场空间，使产业融合在更大范围内出现。由此可见，技术创新是旅游产业与文化产业融合发展的催化剂，是旅游产业与文化产业发展的推动力。

第二节　旅游与文化产业融合发展的障碍

一、传统观念障碍

由于在融合前，旅游产业与文化产业都属于相对独立的产业部门，而在融合过程中需要打破两个产业之间的壁垒，促进产品融合、市场融合和企业融合。这期间两个产业为了捍卫各自的利益难免会存在本位主义和老大主义观念，这些传统观念将会固化产业边界，阻碍旅游产业与文化产业的融合进程。

（一）本位主义

本位主义是一种不顾大局与整体，一切从本部门、单位与地方利益出发的错误思想作风，是一种放大的个人主义，其结果既妨碍整个大局的工作，又无益于本单位的局部工作。产业融合就是要逐渐打破旅游产业与文化产业之间的壁垒，只有当旅游产业与文化产业的产业边界、产品边界、企业边界逐渐消失、融合，两个产业才能实现融合发展。而本位主义的存在，将会导致旅游产业、文化产业不顾融合的整体发展态势，只是将自己的产业部门作为整体，而不是将“旅游产业与文化产业”作为整体，因此其产业发展策略也只从本产业部门出发，只考虑本产业的利益，而不顾产业融合发展的长远利益。本位主义的存在非但不利于打破旅游产业与文化产业之间的产业壁垒，反而会进一步加深旅游产业与文化产业之间的隔阂。

由于本位主义的存在会严重阻碍旅游产业与文化产业的融合发展，因此，现阶段必须打破这一传统观念障碍。在融合过程中，旅游产业与文化产业必须树立整体观念，将“旅游产业与文化产业”作为共同的发展系统，运用系统论的理念处理好整体与局部的关系，协调好“融合发展”与旅游产业、文化产业发展的关系，处理好“融合发展”的长远利益与旅游产业、文化产业利益之间的关系。

（二）“老大主义”

从我国旅游市场和文化市场各自的收入总量上看，旅游市场效益比文化市场效益高，但是不能忽视我国文化市场的发展潜力。按照经营的内容，文化市场可分为娱乐市场、演出市场、音像市场、美术品市场、文物市场、对外文化交流市场、艺术培训市场、书报刊市场、影视市场等九大类型。随着我国文化体制改革的不断深入，人民生活水平及文化素养的提高、文化消费习惯的形成，文化产业规模将快速增长。

作为独立的产业部门，旅游产业、文化产业的规模都不容小觑，这就导致在产业融合过程中，旅游产业、文化产业容易产生“老大主义”，总认为自己所在的产业部门是老大、拥有特权，总想着吞并另一方。产业融合并不是要旅游产业吞并文化产业，或是文化产业吞并旅游产业，而是两个产业将“融合发展”作为共同的发展目标，共同把市场做大、做强，使旅游产业、文化产业在融合中发展壮大，从而改变目前小、散、乱的产业发展局面。在产业融合过程中，旅游产业与文化产业需要克服“老大主义”，主动消除彼此之间的产业壁垒，通过融合发展实现两个产业的共同繁荣。

二、旅游产业与文化产业的市场障碍

市场就是商品交换的空间，旅游市场是旅游者与旅游经营者之间各种经济行为和经济关系的总和，文化市场是文化产品进入流通和消费领域所形成的交换关系总和。当市场融合时，旅游产品与文化产品能够共享彼此的营销渠道，可以在原有客源市场的基础上，不断扩大客源市场，从而进一步促进市场的融合发展态势。但是，目前在旅游产业与文化产业融合的初期，还面临着以下市场障碍。

（一）营销渠道尚待整合

营销渠道是指在产品或服务从生产者向消费者转移的过程中，所经过的、由各中间环节连接而成的路径。这些中间环节包括生产者自身的销售机构、批发商、零售商、代理商和中介机构等。文化产品营销渠道是文化企业将文化产品传递给最终购买者的过程中所使用的各种中间商的集合。传统商品是从产品生产者向消费者转移，而旅游产品是旅游者向旅游产品“移动”，因此，旅游产品的营销渠道是由旅游产品使用权转移过程中所经过的环节而形成的通道。但无论是文化产品营销渠道，还是旅游产品营销渠道，在文化产品、旅游产品流通的过程中，文化企业、旅游企业出售的产品是营销渠道的起点，消费者购买文化产品、旅游产品是营销渠道的终点。

通畅的营销渠道具有良好的信息沟通功能，是旅游企业、文化企业与消费者信息沟通的桥梁。营销渠道中的中介机构在与消费者交流过程中，可以及时地将融合型文化旅游产品的相关信息提供给消费者，从而进一步刺激消费者的购买欲望；同时，中介机构也可以在与消费者交流的过程中，掌握市场需求、产品趋势等动态因素，并且及时将这些信息反馈给旅游产品、文化产品的生产企业，便于企业把握最新的市场动态，从而生产出满足消费者需要的融合型新产品。但是，由于目前旅游市场与文化市场尚未得到有效整合，旅游产品与文化产品的营销渠道仅仅承担着各自产品的营销功能，只起着沟通文化消费者与文化企业、旅游者与旅游企业的传统功能。在旅游产业与文化产业融合发展的过程中，市场融合需要整合传统的文化产品与旅游产品营销渠道。通过整合形成功能更加完善、更加多元的营销渠道，从而促进文化产品与旅游产品、文化市场与旅游市场的不断融合，加速推进旅游产业与文化产业的融合发展。

（二）旅游企业与文化企业的竞争关系

旅游和文化市场的形态繁多，存在着各种类型的旅游和文化企业。随着旅游和文化产业的不断融合发展，旅游企业和文化企业之间的相互作用也在逐渐演变。之前可能是完全没有任何关系的企业，现在面对着融合的、共同的市场，旅游企业与文化企业之间有可能成为同质企业、成为竞争对手。同时随着旅游产业与文化产业融合进程的深入，共同市场在不断扩大的同时，旅游企业与文化企业的竞争也将越来越激烈。

面对激烈的市场竞争，旅游企业与文化企业为了占据更大的市场份额，为了争取更好的企业效益，原本具有一定规模的企业有可能会罔顾旅游产业与文化产业融合发展的态势，利用其自身的优势形成市场垄断。市场垄断排斥竞争，会阻碍技术进步、市场多样性发展，其后果是束缚市场功能的发挥、阻碍生产要素在旅游产业与文化产业之间的流动和优化配置，这将严重影响旅游产业与文化产业的融合发展。因此，在旅游产业与文化产业融合过程中，需要维护公平有序的竞争局面，确保企业之间的良性竞争，这样才能保障旅游产业与文化产业的不断融合。

在融合发展的态势下，竞争不可避免，旅游企业与文化企业只有积极地参与市场竞争，通过寻求合理的产品定位、市场定位、企业定位，处理好企业之间的竞争与合作关系，才能不断做强、做大。

三、旅游产业与文化产业的体制障碍

（一）管理体制

体制指的是国家机关、企事业单位的机构设置和管理权限划分及其相应关系的制度。我国的旅游产业是一个关联性很强的综合性产业，涉及国民经济的众多行业和部门。在计划经济时期尽管没有“文化产业”这个名词，但其实它早已存在，高度计划性的集权管理严重束缚了文化产业的发展。随着改革开放的深入，我国文化发展的体制环境已经发生了深刻变化，逐步建立起了文化产业管理体制，但是仍然存在文化事业管理与文化产业管理还未彻底分离、政企不分等问题。目前，我国旅游产业与文化产业的管理体制尚不健全，很多地区不同程度地存在条块分割、多头管理、政企不分等问题，尚未建立统一高效的产业管理体制。随着产业融合趋势的加强，旅游产业和文化产业面临的管理结构问题可能对二者融合产生不良影响。因而，为了促进旅游产业与文化产业相互融合，我们需要不断进行管理体制方面的改革，进一步转变政府职能、理顺政企关系、建立符合市场经济规律的高效行政管理体系，促进旅游产业、文化产业走向“大市场、大产业”的发展道路。

同时，不同发展时期有不同的产业管理体制，当旅游产业与文化产业处于独立、分立阶段时，各自采取相应的产业管理体制；但当产业融合发生后，原本的产业边界发生变化，这就导致以产业分立为前提的传统管理体制失灵，这时不仅达不到产业管理的目的，甚至还会引起产业发展的混乱。因此，在旅游产业与文化产业融合的发展背景下，我国的旅游产业和文化产业管理体制必然要打破传统的分立局面，作出适应性调整，从而为旅游产业与文化产业的融合创造宽松的市场环境。

（二）意识形态

改革开放前，我国长期实行的是高度集中的计划经济体制，加之文化又具有反映社会的意识形态属性，因此我国当时对文化采取的是极为严格的管制政策。随着改革开放的推进，我国由计划经济向市场经济转变，对文化的管制逐渐放松，文化产业逐步发展起来。

在过去很长一段时间，我国的文化政策仅仅注重文化事业的发展，忽略了文化产业。之后，文化产业的发展又过度依赖政府主导。如果文化产业的发展完全或主要依靠政府主导，就会导致资本、技术、人才等产业发展要素的流动性大大降低。目前，我国文化产业仍是受管制相对较多的产业部门之一，这直接影响了文化产业的丰富性、多样化和市场发展空间。

四、产业融合发展的人才障碍

产业变革的载体是企业，而企业的发展需要人才，企业的竞争也是人才的竞争。尽管近几年旅游人才短缺的情况有所缓解，但我国旅游人才整体素质相对偏低，专业化程度相对不高，队伍稳定性相对较差。随着我国文化产业的快速发展和“经济－文化”一体化的全球蔓延，我国面临的旅游、文化产业人才短缺的问题将进一步凸显。旅游产业、文化产业的发展需要大量的高素质人才作为基础资源，如果人才资源尚不能满足旅游产业、文化产业各自的发展需要，那么在旅游产业与文化产业融合发展的态势下，人才资源短缺的问题也将成为阻碍旅游产业与文化产业融合发展的瓶颈。

同时，培养复合型人才也是至关重要的，这些人才既要了解旅游产业的发展规律，又需要熟悉文化产业的发展规律，他们将成为推进旅游产业和文化产业融合发展的关键基石。要实现旅游产业与文化产业的有机融合，需要大量具备多项技能的专业人才从事基础服务、管理和教育等工作。只有采取这样的方法，才能成功地集成旅游和文化资源，实现旅游产品与文化产品的汇合、旅游企业和文化企业的融合，同时也能促进旅游市场与文化市场的相互渗透和互利共生，以谋求旅游业的可持续发展。当前旅游产业和文化产业的融合缺乏具备高素质的复合型文化旅游管理人才。这种人才的缺失使得旅游产业与文化产业的融合受到限制，表现为形式、范围和发展速度的局限性。

第三节　旅游与文化产业融合发展的现状

文化与旅游从来就密不可分，无论是从国内旅游业的发展历史还是世界旅游业的发展历史来看，文化资源都是旅游业发展的重要依托，文化产业与旅游产业因文化这一共同的元素紧密结合在一起。

一、我国文化产业的发展

（一）文化产业的发展历程

改革开放之前，中国的文化建设处于计划经济体制之下，文化的事业性质凸显，文化活动以公益性为主。因此，我国的文化产业始于 1978 年改革开放之后。随着经济体制改革的推进、人们生活水平的提高，文化产业开始萌芽并在市场经济体制下逐渐发展，成为满足人民群众精神文化需求的重要产业。1978 年至今，我国文化产业发展可以分为三个阶段。

1.1978—2001 年的萌芽和探索阶段

在这一阶段，我国的政界和学术界对文化是否可以产业化、文化是否构成生产力、文化与经济发展之间的关系等问题展开了热烈的讨论。在这场思想解放的讨论中，学术界和政界对美国等发达国家的文化产业发展、艺术生产的理论和实践进行了研究，并对我国文化事业发展的实践进行了案例研究和总结，逐渐就发展文化产业达成了共识。同时，随着改革开放的推进，我国部分文化事业单位开始实行计划经济和市场经济的“双轨制”运行制度。部分文化事业单位由于政府拨款不足，对文化产品和文化服务实行市场化收费，形成“以文养文”的收费服务模式，作为对于国家经费不足的补充。此外，还有部分事业单位的文化经营场所通过承包等形式，以企业形式从事市场化经营，提高了文化事业单位的经济收益。这一阶段主要有两个特点，一是文化产品开始实现规模化生产，大众文化消费品开始出现；二是文化市场准入条件较高，行业壁垒较高。

2.2002—2011 年的快速发展阶段

党的十六大的召开是我国文化产业发展的重要转折点。十六大报告将文化事业和文化产业作为两个重要概念提出来，强调“积极发展文化事业和文化产业”“发展文化产业是市场经济条件下繁荣社会主义文化、满足人民群众精神文化需求的重要途径”“抓紧制定文化体制改革的总方案”。该报告一方面实现了文化产业发展理论方面的重大突破；另一方面，推动了我国大规模的文化体制改革。2005 年，国务院发布《关于非公有资本进入文化产业的若干决定》。2006 年，中共中央、国务院发出《关于深化文化体制改革的若干意见》，进一步推动了我国文化体制改革的深入开展。2008 年，出台了《文化体制改革中经营性文化事业单位转制为企业的规定》和《文化体制改革中支持文化企业发展的规定》两个文件。通过文化体制改革，文化产业的发展主体从原来以政府为主体的事业单位转变为以市场为主体的企业，推动了我国文化产业的快速发展。这一阶段的特点：一是文化产业在推动第三产业发展中的作用日益突出，文化产业成为重点培育的战略性支柱产业；二是文化产品类型不断丰富，产业结构优化，产业规模和效益不断提升。

3.2012 年至今的高速发展阶段

从 2012 年起，我国文化产业面临的外部宏观经济形势发生了重要变化，文化产业内部政策效应衰减，文化产业进入高速发展期。在此背景下，2012 年 11 月，党的十八大对建设社会主义文化强国目标作了全面论述，将文化产业发展的基础和动力由政府转向市场；要求建立健全现代文化产业体系和市场体系，完善文化经济政策，培育新型文化业态。影视剧、出版、广告和传媒业迎来大发展时期。产业融合推动了“文化+”的发展，使文化成为各相关产业领域的核心竞争力。数字动漫、文化创意等新兴文化业态不断涌现，大大拓展了文化产业的发展空间。以民营企业、混合所有制企业为主体的文化企业集群形成，跨界融合速度加快，提高了我国文化产业的总量和质量。这一阶段的主要特点：一是对文化产业宏观管理的科学化和规范化，对文化及相关产业的统计有了相对一致的口径；二是文化产业与其他产业融合程度加深，文化产业广泛渗透于经济社会发展的关键领域，文化产业发展空间日益广阔，文化的影响力不断扩大。

（二）文化产业的发展现状

近年来，随着我国国民经济的发展与繁荣，经济结构的变化及消费结构的升级，给文化产业发展提供了广阔的市场，文化产业发展规模不断扩大，在国民经济中发挥着越来越重要的作用。我国文化产业的地位日益提高，文化产业增加值在国民经济中发挥着日益重要的作用。文化产业发展成为地区经济发展的重要引擎。文化经营市场日益繁荣，文化新业态不断出现。各级政府对文化产业投资持续增长，文化事业费占国家财政支出的比重不断增加。文化产业开发建设速度加快，公共文化设施大量增加。历史文化遗产、非物质文化遗产等得到开发、利用与保护。新兴文化创意产业园区如雨后春笋般在全国各大城市建立起来，成为推动城市发展、满足人们文化消费的重要场所。

二、我国旅游产业的发展

（一）旅游产业的发展历程

我国近现代旅游业的起始时间晚于欧美国家，我国旅游业产业化的起始时间也晚于日本、韩国等亚洲国家。在中华人民共和国成立以前，旅游活动和旅游现象虽然已经在中国出现，但规模较小。我国现代旅游业的发展主要是中华人民共和国成立以后开始的。从发展历程来看，我国旅游业主要经历了四个发展阶段。

1. 萌芽阶段（1949—1978）

中华人民共和国成立以后，国民经济进入恢复和发展期。我国的国际地位日益提升，很多外国人和华侨想到中国来看看中国的新面貌。为满足市场需求，1949 年 11 月，以接待海外华侨为主的厦门华侨旅行社成立。之后，深圳、广州、泉州等地也成立了华侨服务社，初步形成了中国旅行社的框架体系。1954 年，中国第一家经营国际旅游业务的中国国际旅行社成立，其主要任务是负责接待访华外宾的食、住、行、游等事务。为加强对全国旅游工作的管理，1964 年，中共中央决定成立“中国旅行游览事业管理局”，明确了当时发展旅游事业的方针政策是扩大对外政治影响力，为国家吸取自由外汇。当时，开展旅游活动主要是促进国际交流，展现国家形象和建设成就，对国家经济的贡献较小。但为我国入境旅游奠定了一定的基础，为旅游接待发展提供了经验。

2. 起步阶段（1979—1989）

受益于改革开放政策，我国的旅游业此时面临空前的发展机遇。旅游业对国民经济的作用逐渐得到人们的认可和重视。1979 年 5 月的全国旅游工作会议，明确提出将旅游工作由“政治接待型”转变为“经济经营性”。1981 年，国务院进一步明确发展旅游业的方针为“积极发展，量力而行，稳步前进”。此后，旅游业完成了从事业到产业的转变，旅游业的产业观念和市场观念得到加强，旅游产业规模明显扩大，旅游市场逐步完善。1979 年，我国入境旅游人数为 420.39 万人次，1989 年为 2450.14 万人次，增长 4.82 倍。国际旅游外汇收入也由 1979 年的 4.49 亿美元提高到 1989 年的 18.6 亿美元，增长 3.14 倍。① 这一阶段，旅游业已初步具备旅游接待设施，旅游综合接待能力有了较大提高。旅游业开始实行对外开放，积极引进外资和先进管理经验。旅游产业规模和效益有了明显的提高，入境旅游继续发展，国内旅游开始起步，为旅游业的全面发展奠定了基础。

3. 全面发展阶段（1990—1999）

20 世纪 90 年代，我国旅游业进入全面发展的快车道，国内旅游迅速发展，出境旅游开始起步，旅游业在国民经济中的地位日益凸显。各级政府和有关部门相继把旅游业列入国民经济和社会发展计划，明确提出把旅游业作为支柱产业或者重点产业来发展。1992 年，国务院批准设立 12 个国家旅游度假区，推动我国旅游业由观光旅游向度假旅游转变。在营销方面，主题旅游年活动，如 1992 年的友好观光年、1993 年的山水风光年，多方面探索旅游营销和发展的规律。1998 年，中央经济工作会议再次提出将旅游业作为国民经济新的增长点的发展战略。旅游业发展力度进一步加大，旅游业在国民经济体系中的地位进一步提升。1990 年，我国入境旅游人次 2746.18 万人次，1999 年为 7279.56 万人次，增长 1.65 倍。1990 年，国际旅游外汇收入为 22.18 亿美元，1999 年为 140.99 亿元，增长 5.35

① 杨玉英，闫静．新时代中国旅游业开放与发展[M]．长沙：湖南大学出版社，2020.

倍。[①] 在此期间，中国旅游业开始形成了入境旅游、国内旅游和出境旅游三个市场同时发展的新局面。旅游业对国民经济的贡献日益提高，尤其是国内旅游，在扩大内需方面发挥了关键的作用。

4. 优化发展阶段（2000 年至今）

进入 21 世纪，旅游业作为国民经济新的增长点进一步得到社会各界的认可，各级政府积极实施了促进旅游业发展的措施和政策。国内经济持续稳定增长，人民生活水平进一步提高，为我国旅游业发展提供了广阔的国内市场。此外，我国在国际上的地位日益提升，全球层面的重大活动的举办为我国的旅游业的发展提供了契机。如 2008 年的北京奥运会、2010 年的上海世博会等对举办城市乃至整个国家的旅游业发展起到了巨大的作用。近几年来，一些新一线城市在承办国际会议上开始崭露头角，如 2016 年在杭州召开的 G20 峰会、2018 年上海合作组织青岛峰会对杭州、青岛这些举办城市及周边地区旅游业发展起到了重要作用。旅游市场日益活跃，各地纷纷推出种类丰富的旅游产品，在全球范围内开展多种多样的营销活动，取得了良好的效果。国内旅游市场成为我国发展最快的市场，旅游人次连创历史新高，出境旅游也迅猛增长。这一阶段的旅游发展不再单独追求数量的增长，而是开始考虑旅游业发展的综合效益，探索旅游业的可持续发展道路。旅游供给侧改革持续推进，旅游产品优化升级，产品结构调整迈出关键步伐。

（二）旅游产业的发展现状

由以上旅游产业的发展历程回顾可知，我国旅游业的发展起步于改革开放。2000 年以后，旅游业的发展步入快车道，为我国经济社会发展作出了积极贡献，成为拉动内需、带动第三产业发展的综合性产业。旅游经济的覆盖面不断扩大，创造了大量就业机会，在地方脱贫、改善投资环境、改善经济结构方面作出了突出贡献。国民经济的飞速发展和人民生活水平的提高催生了巨大的旅游市场需求。旅游产业规模不断扩大，旅游产业要素日益健全，旅游基础设施和配套设施不断完善。

三、我国旅游产业与文化产业的融合发展

（一）文化产业与旅游产业互动融合的业态类型演进

我国灿烂的文化资源是我国旅游业发展的一大亮点，也是我国文化产业和旅

① 张骏．旅游新业态发展研究[M]．北京：旅游教育出版社，2017.

游景区发展的重要依托。历史文化类景区是我国文旅融合发展的基本形态，是我国文旅融合发展的初期版本。在我国休闲娱乐类旅游景区中，主题游乐类景区和度假休闲类景区占相当一部分。这些新的业态类型兼具文化和旅游的双重性。现阶段文旅融合的这些新形态是以资本、创意、科技为驱动力的高级版本。文化创意、文化创新成为文旅融合的新的强大驱动力。这些休闲娱乐类景区，有的以文化企业投资为主，有的以旅游企业投资为主，成为继历史文化类景区之后我国旅游业转型阶段最主流的旅游业态。

综合来看，我国文化产业与旅游产业融合发展的业态类型早期体现为历史文化街区开发。新时代的文旅融合的业态类型体现为主题公园、影视文化旅游、红色旅游、文旅小镇、旅游文化演艺、主题度假酒店等。文化产业与旅游产业发展动能不断增强，文旅资本运作得到重视，为文旅产业注入了新的动力。

（二）我国文化产业与旅游产业的融合发展现状

1. 主题公园的开发迎来热潮

2016 年 6 月，上海迪士尼开业运营，国内主题公园竞争日趋激烈。很多世界知名主题公园运营商加快了在中国的项目开发。中国的主题公园品牌也快速发展。一些地产商也纷纷由地产开发转向文旅项目和主题公园开发。从布局来看，大型主题公园的投资规模越来越大，集聚特征突出，正在由一线城市向二、三线城市渗透。

2. 旅游演艺欣欣向荣

1982 年，陕西省歌舞剧院古典艺术团在西安推出的《仿唐乐舞》被认为是中国第一个旅游演艺项目。它开启了让中国灿烂的历史文化活起来的探索道路，为之后中国旅游演艺业的发展拉开了序幕。随着文化产业与旅游产业融合的不断加深，自 2013 年起，我国旅游演艺业进入了快速发展期。

消费升级为旅游市场需求带来明显的变化。旅游演艺因为生动、直观、表现力强而受到游客的青睐，也成为旅游目的地旅游开发及文化挖掘的重要抓手。如陕西的《长恨歌》《梦回大唐》《1212 西安事变》《驼铃传奇》等项目，河南的《大宋·东京梦华》《千回大宋》《黄帝千古情》《只有河南》等文化演艺项目。近年来，旅游演艺在快速发展中，也出现了部分地区演艺节目内容单一、品质不高、盲目照抄等问题。2019 年，文化和旅游部印发了《关于促进旅游演艺发展的指导意见》（以下简称《意见》）。《意见》提出了一系列支持旅游演艺发展的政策措施，对旅游演艺这一文旅融合业态进行了科学系统的引导，充分体现了文化和旅游部对文化的挖掘和创造、对文化与旅游融合发展的支持，对我国旅游演艺的发展产生了积极的影响。

3. 文化旅游小镇开发成为城镇化重要发展方式

新时代文化产业与旅游业为拓展发展空间，在互动融合发展中形成了文化旅游小镇这一新兴业态。伴随国家城镇化进程的推进以及特色小镇政策的落实，文旅小镇迎来快速的发展期。文旅小镇一般可以分为两类，一类是以保护中国古代传统建筑和传统文化遗产为主的，如中国传统村落和历史文化名镇的文化旅游开发。这类文旅特色小镇的最初形态是以江南六大古镇（周庄、同里、甪直、西塘、乌镇、南浔）和丽江古城、平遥古城等为代表的古城古镇，游客早期的旅游需求就是对这些古城古镇的观光游。另一类是以现代人们美好生活空间为导向的新型特色小镇，如古北水镇、彝人古镇。它们的投入运营标志着我国文旅小镇向成型阶段转变。文旅小镇是当前我国文旅产业融合发展的重要支撑，也是潜在的拓展空间。

现阶段，我国大部分文旅小镇处在规划和建设的阶段，小部分处于运营状态。在我国多数文旅小镇建成后，其营业收入将会呈现迅速增长态势。从发展模式来看，我国文旅小镇是以文化和旅游为特色的小镇，可以分为三种发展模式："旅游驱动"发展模式、"旅游 + 产业"双驱动发展模式以及"旅游从属"发展模式。旅游产业是小镇的核心产业，且旅游产业对小镇产值的综合贡献率在 40% 以上的文旅小镇属于"旅游驱动"的发展模式；旅游产业是小镇的主导产业，且旅游产业对小镇产值的综合贡献为 15%～40% 的文旅小镇属于"旅游 + 产业"双驱动发展模式；而小镇有特色产业基础，旅游产业对小镇产值的综合贡献在 15% 以下的文旅小镇则属于"旅游从属"发展模式。

文旅小镇着眼于挖掘当地文化，以对本土文化的保护和传播为重点，借助文化创意等产业来推动"产业 + 文化""产业 + 旅游"和"文化 + 旅游"的有机结合，重视将本土文化与产业相结合，打造多功能和多价值的全新发展模式。聚焦于鲜明的文化主题特色，实现文化、旅游、城镇化的融合发展是我国文旅小镇的未来发展方向。

第三章　旅游与文化产业融合发展系统的构建

本章主要介绍旅游与文化产业融合发展系统的构建，分别对旅游与文化产业融合发展的机制、旅游与文化产业融合发展的模式以及旅游与文化产业融合发展的产业链进行了详细介绍。

第一节　旅游与文化产业融合发展的机制

“机制”一词始于机械工程学，“机”指机器，“制”指约束、控制，机制原指机器的构造和运作原理。理解机制对于自然科学和社会科学都是重要的，其包含三个方面的内容，分别是结构、操作和作用。机器的构造对于其运行情况和功能有直接的影响，因为它直接决定了机器的组成和结构。运作原理展现了构造体之间特有的相互作用关系所导致的秩序状态。研究事物的构造和运作原理需要对事物的内在机制进行研究。相应地，研究文化产业和旅游产业融合发展的机制，就是要研究文化、旅游产业融合为什么会产生，以及产业融合过程中不同要素之间的相关性如何等内在的规律性问题。

一、旅游产业与文化产业融合的模块

文化、旅游产业融合包含三个模块，如图 3-1-1 所示。一是外显融合，它指的是产业所提供的产品和服务能够适应市场需求并且扩大市场份额的能力。这体现了融合的本质，涉及产业规模和产业效益两个方面。二是基础融合，它旨在创造有利条件，促进地方文化产业的进一步发展。该模块对产业融合具有重要影响，涉及产业关联、产业要素和产业基础三个方面。三是潜在融合，它决定了文化、旅游产业融合发展的可持续性。这种融合具有持久性和根本性，在产业的创新、政策和需求三个层面上发挥着重要的作用。

三个模块之间相互影响、相互促进、相互制约。外显融合是这种相互关系的主要表现形式，它既是潜在融合和基础融合的基础，又是它们产生的直接结果。基础融合是使融合得以实现的前提，它对外显融合和潜在融合有重大影响，并受到这两种融合的制约。潜在融合是产业融合发展的关键动力和激励因素，有助于提升文化、旅游产业的融合水平。通过持续改革和创新，潜在融合的发展空间可以不断拓展。

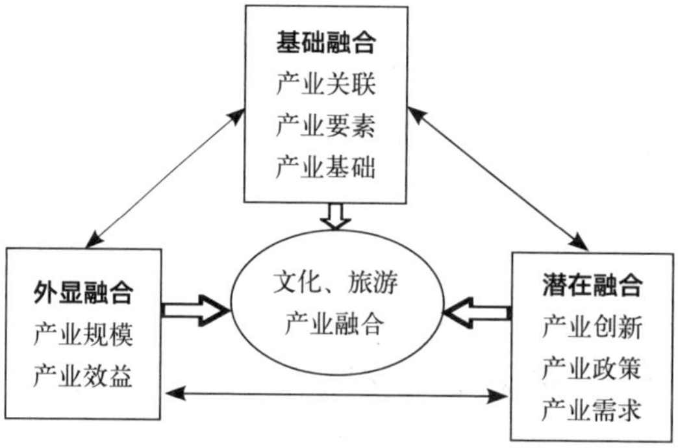

图 3-1-1　文化、旅游产业融合的模块

二、文化产业和旅游产业融合的动力

随着社会经济的不断发展，人们对产业的分工越来越细致，产业的要素不再保持线性依赖关系，而是呈现出更多的交叉融合。这也增强了产业边界的灵活移动性。在这样的背景下，文化产业和旅游产业也开始相互融合。这种融合指的是文化产业和旅游产业之间的要素相互渗透，打破了原有的界限，与对方的产业要素进行了交流、整合和协调发展。该过程需要破坏现有的产业结构并建立新的产业结构，同时也意味着系统从一种平衡状态到非平衡状态，最终进入另一种平衡状态。

产业融合重点关注系统、要素和环境之间的相互作用，这种相互作用是普遍存在的。本书以系统论的观点为基础，指出文化产业和旅游产业之间的融合是两个产业系统与外界环境互动的产物。因此，文化产业与旅游产业融合的动力要素可以从以下三方面考虑。

第一，激发内部动力的子系统（引发子系统）。融合是宏观经济环境下产业发展的适应性行为，宏观环境对融合的作用和影响不容忽视。在一定程度上来说，文化产业与旅游产业的结合是意料之中的，但是这种结合只有在满足特定的基础条件下才能实现。这个基础条件就是促进文化产业与旅游产业融合发展的宏观环境力量。这种宏观环境力量可以激发产业内部的融合动力。企业的产品生产应当以文化、旅游产业需求为指导，因为企业在市场中扮演着主要的角色，其产品是市场行为的结果。因此，这一子系统的主要研究对象是与文化、旅游产业相关的需求和企业。

第二，内部动力子系统（内力子系统）。在考虑产业融合动力时，应将企业的内部动力考虑进去。企业的根本目标是追求最大利益，这种内部动力会影响其所有行为。在追求利益最大化的同时，企业之间既存在竞争，又存在合作。在这种情况下，内力子系统应涵盖以下三个方面：引导文化、旅游产业需求因素的力量，作为企业的根本动力，以及指导企业之间的竞争、合作关系。

第三，外部动力子系统（外力子系统）。从文化和旅游产业的外部环境角度来看，文化和旅游产业的融合不仅是两者自发的结果，也是受到外部环境压力的结果。外部环境促使它们之间的相互靠拢和合作成为必然趋势。因此，文化产业和旅游产业相融合还需要考虑到外部动力子系统的建设，其中包括技术、政策和创意等因素。

文化产业和旅游产业的融合是外力子系统和内力子系统共同作用的重要结果，且只有同时具备引发子系统的条件，这两个子系统才能够发挥其应有的作用。文化产业和旅游产业融合的动力系统由三个子系统组成。如图 3-1-2 所示，这些子系统占据着该系统的三个角，代表着融合的动力。其中内力子系统决定了此三角形的高度，外力子系统和引发子系统决定了三角形的底边长，三角形的面积决定了文化产业和旅游产业融合动力的大小。

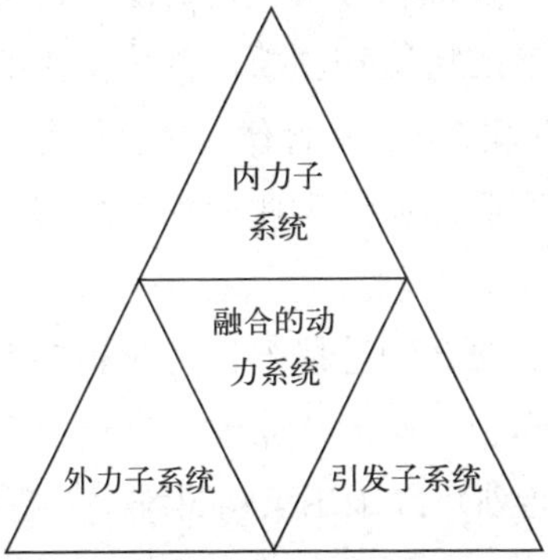

图 3-1-2　文化、旅游产业融合的动力系统

（一）引发子系统

总体而言，文化、旅游产业融合是在一定的社会经济基础上产生的，其动力引发子系统由三部分构成：第一，强关联性和战略匹配性是其融合的基础；第二，知识、能力或能力要素的积累；第三，产业升级发展的需要。

1. 强关联性和战略匹配性是其融合的基础

文化产业与旅游产业的关联性很强。二者产品的互补性、服务对象的系统性、依赖环境的同质性等构成其产业融合的基础条件。在此基础上，文化产业与旅游产业逐渐发生产业融合。

文化产业与旅游产业之间存在紧密的联系，这使得它们天然地需要相互融合发展。因此，把这两个产业融合起来是符合它们自身发展规律的。旅游业注重文化内涵，推动文化资源向商业化和产业化转型。通过旅游业来展现文化的内涵和魅力，使文化产业发挥出自身的经济价值。文化产业与旅游产业天然具有契合度，因此它们的融合能够有效促进双方的发展。旅游产业的发展离不开文化，文化是其重要的核心和基石。目前，大多机构采用的文化统计框架是由联合国教科文组织在 2009 年发布的。这个框架将文化统计划分为 10 个类别，包括文化遗产、出版印刷业和著作文献、音乐、表演艺术、视觉艺术、音频媒体、视听媒体、社会文化活动、体育和游戏、环境与自然。旅游业的重要资源主要包括文化遗产、自然保护区、社会文化活动等。这些资源与旅游密不可分。为了保障旅游业的可持续、健康发展，我们需高度重视对文化资源的有效利用，并持续提升旅游业的文化内涵和品质。就文化产业而言，旅游业是促进文化发展的重要手段。尽管文化在其进化和演变方面具有独特的路径和方法，但是实践表明，旅游业不仅可以帮助人们更深刻地理解文化、发掘和传承文化资源，还可以通过对文化资源的保护和新颖开发，促进文化价值的增值和创新，并为文化的进步注入能量。因此，文化和旅游是相辅相成、内在联系的，就好像“灵魂”和“载体”、“内涵”和“外延”之间的关系。这说明文化产业和旅游产业相互关联密切，它们相互激励、相互支持，共同蓬勃发展。

在文化产业和旅游产业融合的过程中，企业领导者常常会考虑如何将自身的企业战略与之相适应。实际上，许多企业进行融合创新的动力是为了满足其自身的战略需求。文化或旅游企业可以采用策略思维，重新审视自身的价值创造活动、经营方式和管理流程等方面，并利用自身资源的扩张、业务范围的扩展以及与其他行业的合作来打破原有商业模式的限制，创造更具商业价值和经营能力的全新商业模式。企业的适应性策略可以为企业创造竞争优势。反之，若企业的战略及其所处的环境条件不符合融合的趋势，那么企业未来的发展将会受到限制。重要的是，要明确战略并非直接导致重大融合的原因，而只是一种可能的推动力。

2. 知识、能力或能力要素的积累

通过有组织地运用知识，企业可以发展出一种新的能力，使其拥有改进和创新现有商业和运营模式的潜力。企业所获得的知识和能力，包括但不限于知识产权、核心技术、市场拓展能力以及资源整合能力等。这些都是在持续的经营过程中积累起来的，具备独特的、难以被复制和迁移的特性。通过积累对产业和自身的了解，企业可以提高其资源整合和调配的能力。随着时间的推移，企业会发现与利益相关方（如与关联产业或文化主题相关的企业以及顾客）之间的沟通和信息交流也变得更加频繁，这也带动了企业经营网络和产业范围的进一步扩展。随着知识的不断积累，现有商业模式可能变得不适应产业运营的需求，从而成为产业发展的瓶颈，甚至妨碍其发展。因此，推动企业或行业商业模式的创新已变成企业或行业当前最紧迫且必不可少的使命。从这个视角来看，尽管知识积累可能会破坏当前商业模式，但它同时也有可能促进不同商业模式的融合和创新。因此，知识累积成为新商业模式的驱动力之一。

3. 产业升级发展的需要

随着我国社会经济进入一个新的发展阶段，文化产业和旅游产业所处的环境和面临的形势都发生了深刻而重大的变化。我国文化产业和旅游产业已经进入了重大战略调整期，重要的战略调整是将文化产业和旅游产业进行转型升级。在当前和未来一段时间内，促进文化与旅游产业的升级和改革是我国文化和旅游产业发展的紧要任务。为了使文化产业和旅游产业实现更加高效和可持续的发展，需要对它们进行转型升级。这意味着需要改变它们的发展方式、模式和形态，并实现从粗放型向集约型的转变。除了扩大规模、提高效益，也应该注重综合功能的加强，从而从单一的经济功能中得到更高的价值。因而，创新文化产业和旅游产业的商业模式是我国文化产业和旅游产业升级转型的重要渠道。文化、旅游产业创新的方式有很多，融合文化与旅游产业则是其主要方式和发展方向。随着创意产业重要性的不断凸显，其概念和实践方式对文化和旅游产业的产业生态产生了深远的影响。

文化产业与旅游产业融合所表现出的创新性、渗透性、高增值力、强辐射力和高科技性的特征，将为文化产业和旅游产业注入持续发展的生机和活力。

（二）内力子系统

在内力子系统研究方面，文化、旅游产业的供需矛盾是其研究的着眼点，文化、旅游产业需求的引导力和企业行为的主导力是内力子系统的重要方面。

1. 市场需求的拉动是融合的逻辑起点

尽管推动文化产业和旅游产业融合的驱动力是多元的，但满足消费者需求则是其内核。随着时代的发展，人们开始变得并不完全在意能够得到什么产品，反而更在意是否能得到可以使他们留下难忘、美好回忆的体验、经历，并愿意为之付出更高的代价。

如今的文化消费需求和旅游消费需求发生了巨大的变化。因此，文化企业或旅游企业只有很好地洞察并预测需求变化的特点与趋势，才能更好地满足消费者的需求。当前，人们的文化消费需求和旅游消费需求大致呈现以下几大特点。

（1）多元化

由于每个人都具有独特的个性，且受到与外界环境相互作用的社会条件的影响，因此人们对文化和旅游消费的需求在目标、时间、地点和内容等方面呈现出丰富多样的特点。随着时间推移，消费者的需求不再仅仅局限于产品本身，而是更注重产品的外围特性和功能。这一变化使得消费需求变得更加多样化、详尽和烦琐。

文化产业和旅游产业之间形成了紧密联系的桥梁，这主要得益于消费需求从有形向无形领域拓展的趋势。有形和无形部分相辅相成、互相促进以提升整体价值。随着消费者需求的变化，发展文化旅游业需要更加关注文化体验所蕴含的内在意义和无形价值，而不仅仅局限于物质遗产和展示载体的形式呈现。旅游活动能够让人们更深入地领略文化的内涵，并满足其对于个人提升和高品质审美享受的追求。

（2）组合化

虽然现代人有了一定的闲暇时间，但其工作压力却持续不减，这使得他们的闲暇时间变得更加珍贵。因此，现代人越来越希望通过文化消费或旅游消费来满足多重的需求，从而在有限的时间内获得更多的体验和享受。

随着文化活动的普及，文化消费者的消费水平不断提高，越来越多的人希望在文化消费中获得个性化和多元化的体验，因此对于综合服务和差异化体验的需求越来越强烈。消费者对文化旅游产品的要求越来越高，愈加希望文化旅游服务商能够提供全面的产品服务。该服务不仅包括吃、住、行、游、购、娱等方面的要素，还要达到“一站式”服务的目标。这些需求使得文化产业与旅游业必须合并发展。随着文化和旅游领域的迅速扩张，市场竞争也与日俱增。只有那些能够满足人们对于“个性化需求”和“一站式”服务的要求，同时能够提供独特产品的企业，才能在竞争中取得成功。因此，为了在竞争中获得成功，各文化企业和旅游企业开始寻求相关企业间的合作，这种趋势推动了文化和旅游两个产业的融合。因此，这种融合可以看作为满足人们不断提高的文化旅游需求而发展起来的，而这也是我国两大产业融合的根本原因。

（3）情感化

在消费升级时代，文化和旅游消费者更加注重自身的情感化需求。简单的产品性能和质量已经不再能够满足消费者的需求。只有那些能够将情感元素融入产品、服务和环境等方面的企业，才能够给消费者带来真正的满足感，同时构建竞争优势，吸引并留住消费者。

（4）信息化

在数字化和经验化的时代，信息共享已经成为一个不可或缺的时代特征。在旅游方面，由于信息共享的作用，文化旅游需求变得更加多样化，表现出了需求泛化的趋势。在数字化时代，信息共享已经成为影响旅游者行为和决策的关键因素。随着新媒体的快速发展，旅游传媒涵盖的领域不断拓展，这有助于更迅速地产生和传递文化旅游信息。文化旅游者不再只是信息的接收者，更是信息的提供者。另外，各种渠道的广泛利用也推动了信息共享的实现。随着移动互联网的普及，越来越多的文化旅游爱好者通过各种互动平台来获取和传播文化旅游信息。在文化旅游者互相交流信息的过程中，其消费欲望会被不断激发。因而，文化旅游信息服务提供商必须快速整合自身资源，确保能够及时满足文化旅游者的需求。

2. 对经济利益的追求是融合的内部原因

作为文化产业和旅游产业，无论其功能如何，产业本身的经济性都是其最重要的特征。而这两大产业是由一个个的企业组成的。对于企业本质，古典经济学认为企业是以利润最大化为目标的生产厂商；演化经济学认为企业并不以利润最大化为目标，而是以其抱负水平（满意）为选择的依据。当竞争对手的创新行为影响到企业的抱负水平，就会促进企业产生对新的或未知的选择进行搜寻的动机。企业能力理论认为，企业在本质上是一个能力体系，积累、保持和运用能力开拓产品市场是企业保持长期竞争优势的决定性因素。可见，从企业能力理论看，企业进行跨产业的搜寻，一方面是为了获取能力以提升其核心竞争能力，另一方面又受到自身资源或核心能力的约束。因此，从经济学的角度来看，文化产业和旅游产业融合的根本原因，一方面是竞争力提升的需要；另一方面，也是最直接的原因，就是为了实现满意或者最大利润的目标需求。

文化和旅游产业间的合作通过将文化元素融入旅游体验中，提升了旅游资源的品质和内涵，丰富了旅游产品的多样性和数量，从而促进了旅游业的进一步发展，带来了更大的旅游效益。旅游产业与文化产业的结合使得旅游成为推动文化发展的重要载体。此外，旅游产业的涉足也为文化产业的市场提供了更广泛的空间。这两个产业的融合将文化产品转化成为具备旅游属性的产品，通过更深入的文化内容展示和更多元化的艺术表现，实现文化旅游产品的升级。采用这种方法有效地推动了文化产业的价值提升。将文化产业和旅游产业融合起来，就能够实现范围经济效应，从而降低交易成本。这也是这两个产业寻求融合的一个重要原因。

3. 企业的竞合（竞争、合作）行为是两大产业融合的主导力量

虽然将文化产业和旅游产业相融合需要关注人类的需求和技术的发展，但实际上企业之间的竞争和合作行为才是最主要的影响因素。企业的天性是追求效益最大化，而这种效益最大化的关键在于尽可能地满足消费者的需求和期望。为了实现这一目标，企业积极研究技术创新和新产品开发，努力推进自身的发展和扩展，深入思考如何更好地满足消费者的需求并在不断变化的环境中获取竞争优势。随着时间的流逝，企业所处的环境变得越来越复杂，而企业的运营行为也在一定程度上进一步增加了这种复杂程度。这些企业在竞争中相互促进、共同发展，形成了文化产业和旅游产业的融合。在这个过程中，传统的竞争观念已经被改变，取而代之的是“竞合”和“跨界”的思想，使得企业之间实现了相互渗透和融合。竞合行为加剧的本质原因是消费者对文化旅游的需求不断提高，从而推动了各企业的行为，这也是两个产业融合的主要驱动力。如果企业没有投入精力去满足这些新的需求，深度融合就无法实现。因而，企业的竞争和合作行为是促进两个产业融合的主要推动力。

（三）外力子系统

外力子系统包含以下四个方面的要素。

1. 其他产业发展的压力助推

我国目前正处于经济转型时期，随着国家经济的不断发展和社会的快速进步，各个产业发展所面临的挑战也日益增加。产业融合在文化旅游领域的实现，一方面是基于产业长期发展中闲置资源的再利用，用以增加产值并提升效益。另一方

面是专注于寻求更多产业发展的机会和探索全新的增长路径。其他产业为了发展的需要，自觉地与文化产业和旅游产业进行了内部因素的交流和整合。例如，为满足自身发展需求，一些传统产业选择与文化和旅游产业合作，共同利用资源，提高产业的附加价值，进而延伸产业链，促进功能更新和创新。文化旅游业通过整合文化产业和旅游产业以及其他产业，开拓了新的发展方向和视角。它通过重新利用资源，创造了新的价值，并提高了行业的效益，推动了文化旅游产业链的拓展。例如，制造蒸汽火车、邮轮、游艇等旅游行业相关设备。许多行业通过改变工作方式和进行创新，取得了成功。举例来说，一些废弃的工业矿区经过环境整治后被改造为工业旅游景点，而城市中心区的老厂房经过改造成为文化和旅游区。

2. 政策环境支持是两大产业融合的外部条件

过去，由于产业分散化和政策干预，产业要素的流动和整合受到了不利的影响。政府减少经济管制是外部推动产业融合的重要动力，这对促进融合发展大有裨益。经济管制放松有助于产业或行业之间的相互渗透、交叉、融合，进而推动产业融合的进程。这一点在我国文化产业和旅游产业的发展中表现得尤为明显。我们都知道，在早期，我国并未将文化和旅游视为一个产业，文化被视为文化事业，旅游则是以“外事接待型”的形式存在。之后，政府的理念发生了重要转变，将文化、旅游产业视为具有重要经济价值的产业，并逐步减少了对这些产业的限制。放宽政策的实行推进了文化和旅游产业的繁荣发展。随着文化和旅游产业的重要经济位置得到认可，政府开始进一步放松对这两个产业的经济管制，限制性条件也减少了。在更细节的层面上，我们可以看到，越来越多的民营和外资企业进入了文化和旅游产业。这些文化和旅游企业具备更强的市场洞察能力，能够更快地抓住旅游市场上的新需求，并灵活地开发新产品。因此，它们成为推动旅游产业融合不可缺少的力量。

旅游产业和文化产业的融合在一个良好的政治环境中发展，并且受到了政府的大力支持和重视。2009 年，文化部和国家旅游局共同发布了《关于促进文化与旅游结合发展的指导意见》(以下简称《意见》)。《意见》指出，通过丰富和拓展文化内涵，不断满足游客更高层次的精神需求，提升旅游产业素质，借助旅游市场助推文化产业化发展，以旅游独特的宣传方式更好地传播中华文化。在《意见》出台后，我国的文化与旅游产业深度结合，形成了有效的合作机制，使旅游与文化产业的发展进入一个全新的时期。

3. 技术进步是融合的催化剂

产业融合在其他产业领域中，尤其是在狭义理解的情况下，其主要起因是技术的创新。产业之间技术的交流和渗透促进了技术的交叉和融合，从而推动各个产业形成了共同的技术基础。随着不同产业之间技术的交融，本来清晰的产业边界逐渐模糊，从而促成了产业的融合。技术创新和技术融合虽然不是文化和旅游产业内在的动力，但却是促进其持续发展的重要推动力。随着文化产业和旅游产业的不断交融发展，科技的不断创新和进步正在加速实现。技术应用的范围愈加广泛，技术融合的程度也日益深化。文化旅游产品的创新得益于技术的进步，使其在表现力上更加突出，传播范围也得到扩大。创意和创新的推动力量在技术进步方面得到了显著体现。

随着信息技术和数字技术的不断进步，文化和旅游产业正日益融合。新兴业态，如在线旅游推广商的崛起，已经改变了传统旅游销售方式。相应地，景区和其他旅游服务提供商也开始利用在线销售平台，这种趋势打破了文化和旅游产业过去相对独立和受限的组织模式。另外，文化旅游产品的体验性得到了重要的技术支持，这归功于新技术的发展。科技的应用让主题公园能够更加生动地展现灯光、舞台效果和奇幻故事，进而更具吸引力。将数字虚拟技术等应用于文化旅游中，可以为旅游者提供全方位、全角度的文化体验，让文化旅游更加丰富深入，并促进不同文化之间的交流。

4. 创意是文化产业与旅游产业融合发生的契机

创意被认为是提高产能的重要因素之一，它能够推动经济增长和提升产品的附加值。创意产业的发展推动了各行各业的重新整合与协作，反映了产业间相互融合的趋势。因为其高度知识化、高附加值和高整合性的特征，创意产业已成为新产业结构中不可或缺的组成部分。

文化产业和旅游产业的融合也为创意产业带来了很好的发展机遇。文化旅游产业将文化旅游资源转化为产品并将其推向市场，从而向消费者传递文化信息，实现文化旅游产业的功能。通过融合新技术和创新思维，我们能够在不断增长的文化旅游资源上发挥我们的创造力，以推陈出新的方式对其加以利用和开发。创意和创新已经成为推动产业经济发展的主要因素，促进了文化与旅游领域的有机融合。

根据系统论的观点，巨大的波动是由微小的波动通过非线性相互作用而逐渐形成的。而这种微小的波动往往是由创意所引发的。通过有机结合资源、市场、产品和企业要素等产业系统成分，对产品和企业要素进行创新，使得产业系统内的成分及其关系得以重新调整，从而改变系统整体结构。由于巨大经济效益和广泛宣传的轰动效应，成功的融合型文化旅游产品会引起大量企业跟从的现象，形成所谓的“羊群效应”。在这个过程中，优秀的融合产品会不断涌现，通过不断演进，推动产品结构和企业组织结构的变革与升级，促进文化和旅游产业的有机融合。

（四）融合动力模型

文化产业和旅游产业的融合是基于各种要素之间相互作用的动态过程，其驱动机制能够协调促进创新、协同互动，从而推动融合模式的变化。这种驱动机制的运行有两个前提条件：一是外部环境不断变化，二是不同产业之间的融合已经出现。在这个基础上，我们可以结合动力学用文化产业与旅游产业融合的动力模型（图 3–1–3）来解释。

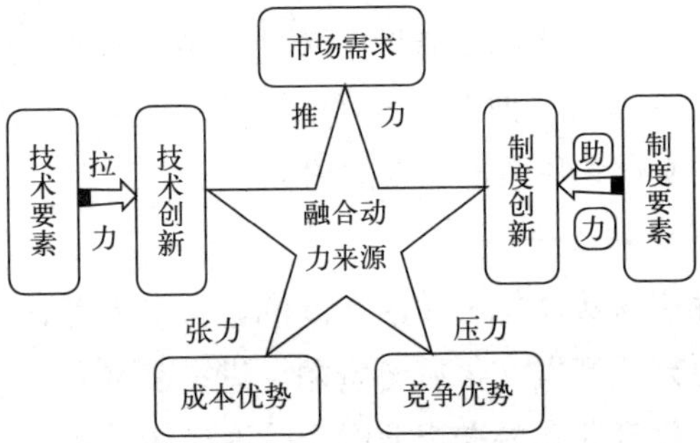

图 3–1–3　文化产业与旅游产业融合的动力模型

外在因素，如技术、需求和产业竞争，一直在不断变化；而内在因素，如战略协调和知识积累，则相对稳定，不容易改变。这些因素共同推动着融合创新的发展。如果外在因素尚未对其产生足够的影响，融合模式将保持一段时间不变。当环境发生改变且外在因素强大时，企业内在因素将相应做出调整来适应，有利于促进企业现有的融合模式变革。随着新融合模式的出现，它与旧有融合模式的相互关系会自我加强。这可以提高企业获取、整合和更新知识和信息的效率，进而增强企业在融合创新方面的竞争力。除此之外，新的融合模式不仅增强了各产业要素之间的联结，还有助于加深产业融合度，同时为企业提供更多的资源和能力。这导致了旧有的产业融合模式的瓦解，紧接着通过分拆和整合，更加先进的产业融合模式得以孕育。

三、文化产业和旅游产业的融合路径

在流动交换的过程中，文化产业和旅游产业要寻找各自有优势的要素，并将它们最有效地组合利用。这激发了文化和旅游产业相互融合的趋势，但这种趋势通常导致各要素以不同的形式发展。本书中认为，将文化产业和旅游产业融合需要从宏观和微观两个方面分析其融合方式，以便找到最佳的实现途径。

（一）宏观融合路径分析

1. 与国内外经济发展趋势相吻合

文化产业和旅游产业的融合是相互关联的，两者不是独立发展的。因为文化产业和旅游产业都是备受重视的经济产业，所以它们的融合也必须按照经济发展规律来进行，以适应经济发展的潮流和趋势。在当前全球经济日益一体化的情况下，各种生产要素得以自由流通，促进了它们在全球范围内的使用。与此同时，知识、信息和技术等方面得以快速普及，全球经济正向着更加强调知识化、信息化的趋向发展。因而，将文化和旅游产业巧妙地结合起来，采用最新的技术理念来创新发展模式，充分利用各种丰富多样的资源和产品，以丰富产业内涵，最终开创出更加多元化的文化和旅游产业发展路径。

2. 与区域发展战略相吻合

区域联动对于促进区域文化和旅游产业的繁荣发展非常重要，具有战略上的重要意义。我们需要充分开发文化旅游资源、进一步完善文化旅游产品、加强基础服务设施、提高文化产业和旅游产业的整体竞争力。由于市场因素作用，文化和旅游产业在一定区域内实现了自由流动，并进一步整合了该区域内的文化和旅游产业。还有一点值得注意，随着交通工具的改善和出行能力的增强，跨越不同地区、规模较大、范围宽广的旅游方式越来越受欢迎。同时，文化产业和旅游产业的要素也不断地在各区域之间流动，推动了区域文化和旅游产业的融合发展。

3. 与目的地形象及功能定位相吻合

根据实践经验可知，只有将文化产业和旅游产业有机融合，并与区域文化和发展战略相一致，才能有效地推动区域文化产业和旅游产业的协同发展，成为一个重要的推动力量。将文化产业和旅游产业融合起来可以提升目的地的整体形象和功能定位。这个过程是在利用目的地已有的文化和旅游资源的基础上进行的，通过把它们结合起来以达到最佳效益。这也是文化产业和旅游产业共同发展的核心目标之一。只有使目标与目的地形象及功能定位相吻合，整个系统才能顺畅运行。

4. 与地区产业分工及产业结构相吻合

产业融合是在产业要素自由流动的基础上发生的，这些要素在市场和政策的推动下，追求最佳的效益和组合方案，以形成全新的分工链条。为了实现产业转型发展，文化产业和旅游产业应该进行融合。在不破坏现有产业基础的前提下，推动产业要素自由流动，促进最佳产业要素之间的合作，推动新型产业链条的构建，从而实现地区产业结构的升级和调整。那些盲目模仿其他地区文化和旅游产业融合发展形式，无视本地实际产业状况的做法，不仅不能刺激地方经济的发展，反而可能对现有产业结构造成一定程度的损害。

（二）微观融合路径分析

就个体（微观）层面而言，文化产业和旅游产业结合的方式通常有以下五种。

1. 基于资源优势的融合路径

在文化产业和旅游产业融合的过程中，要通过优化资源配置，实现资源优势的融合路径。依托文化产业和旅游产业的资源要素在融合过程中比其他产业要素更具备竞争优势。由于它们之间存在明显的优势互补效应，这两个产业在它们各自的产业分工链上正主动地趋向于合并。将文化产业和旅游产业相关链条巧妙地结合和利用，成功应用于文化旅游产品的价值链环节上，可以创造基于资源优势的融合路径，并增加产品种类。这样做不仅会深化资源内涵，而且还会使得产品更加多样化。

2. 基于技术优势的融合路径

基于技术优势的融合路径指的是，将其他产业中具备相对优势的技术要素引入文化产业和旅游产业的各个领域中，利用高科技手段建立起它们之间的联系，从而扩大这两个产业的发展空间。这种融合路径的重要性在于其能够解决文化产业和旅游产业的独有产业特征带来的问题。新技术就能被成功地应用于文化产业和旅游产业中，如文化主题酒店、文化主题公园、动漫旅游、影视旅游和旅游电子商务的推行。

3. 基于市场优势的融合路径

市场驱动下的融合路径侧重于市场需求的优势，能够促进文化产业或旅游产业之间、跨行业各企业之间构建共同的市场拓展领域，通过多种方式合作、并购等，走向共同获益的发展道路。当文化产业和旅游产业试图扩展到新市场时，会涉及交叉领域的产业，因此在相互推动的作用下，企业间存在着融合发展的共同点。

4. 基于区位优势的融合路径

区位优势融合路径是一种发展模式，指利用某个地区独特的优势条件，推动不同的旅游或文化产业要素在同一地区内合并发展。借助这种模式，旅游和文化产业可以相互汇集，并通过模块化的方式实现发展。当前，产业分工的趋势是在垂直和水平方向上的一体化，同时也是模块化分工。随着时间的推移，模块化分工已经成为一种日益重要的分工方式。通过模块化分工并与旅游产业融合，国内很多知名文化艺术品的生产、加工和销售基地获得了成功。这些地方不仅成为闻名遐迩的文化、旅游、购物中心，更成为备受瞩目的旅游胜地，为当地带来了显著的旅游效益。基于优越的地理位置，乡村旅游是一种充满文化气息的综合性产业，融合了旅游业各个方面的要素，具备多种功能和多样化的开发方式。

5. 基于产业基础优势的融合路径

基于优势产业基础的融合路径是通过挖掘产业的基础优势和发展特色，将文化和旅游产业有机结合，创造出新的发展模式，实现跨越式发展的，而不是按照传统的发展轨迹走的。产业的发展演变通常沿着特定的发展路径，在不同的发展阶段展现出不同的特点。但是，文化产业和旅游产业的结合提供了一条崭新的道路，可促进产业实现跨越式或递进式发展，而不改变原来的含义。

四、文化产业与旅游产业的融合、呼应、关联机制

现有文献有一个误解，即将动力和前提混为一谈，在产业融合的动力研究中，需要对此进行澄清。动力是一种比喻性的力量，它能够驱动事物向前发展。而前提则是必须存在的事物条件，它是某个事件发生的先决因素。这两者在本质上具有明显的区别。在研究方面，国内外都更关注于前提，对于动力方面的研究则往往仅限于表层的分析，而缺乏更深入的探讨。融合是将内外部资源重新组合和调整的过程，它涉及广泛的领域，因此需要用系统性的视角来看待融合机制。

（一）文化产业与旅游产业的融合机制

文化产业与旅游产业的融合是在文化旅游需求的提高、文化旅游资源观的改变、技术的进步与创新、政府管制放松等动力要素的推动下，以满足消费者休闲娱乐的需求为产业关联基础，进而形成并迅速发展的。文化产业通过向旅游产业提供永续利用和可更新的文化资源，旅游产业通过向文化产业延伸服务，才实现了两大产业的融合，也创造了一种兼具文化产业和旅游产业双重性质的文化旅游产业新业态。文化产业与旅游产业的融合机制如图 3-1-4 所示。

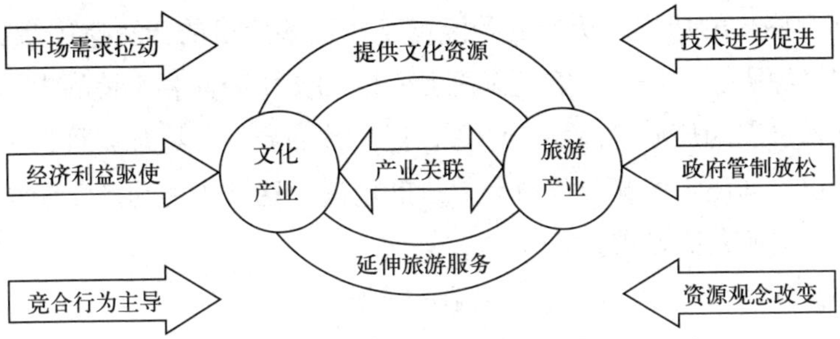

图 3-1-4　文化产业与旅游产业的融合机制

（二）文化产业与旅游产业的呼应机制

文化产业和旅游产业的融合对于文化产业和旅游产业本身来说，都属于产业创新。文化产业或旅游产业在一定条件下都具有稳定性，但在渗透、提升、引致、扩散效应的作用下，两个产业之间的旧结构失稳，新的呼应机制得以形成，如图3-1-5所示。

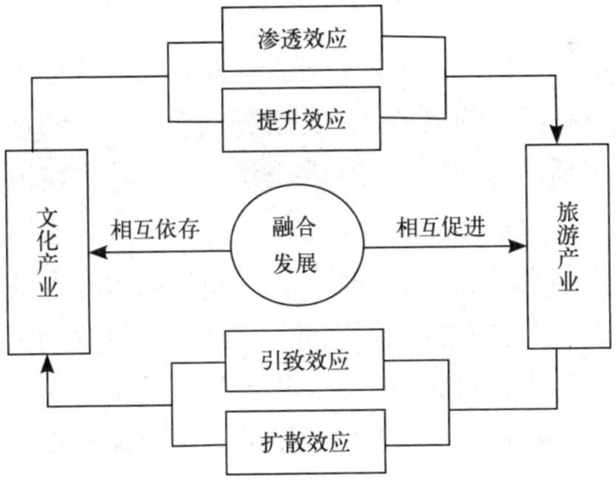

图 3-1-5　文化产业和旅游产业的呼应机制

旅游产业和文化产业的融合发展可以分为前、中、后三个阶段，涵盖创意、产品、企业、市场四个层次。在不同的发展阶段和不同层次上，两个产业之间长期保持互相依存、互相促进的关系。本书旨在建立一种旅游产业和文化产业相互融合的发展机制，通过说明它们在融合发展中的相互作用和各自的作用，以便于更直观地阐述它们之间的关系。

1. 文化产业会对旅游产业产生渗透效应和提升效应

我国具有悠久的历史。历史的积淀留下了许多珍贵的历史遗迹和文化风俗，这些丰富的资源吸引了许多游客前来感受不同的文化内涵和当地的生活方式。文化元素的加入可以为旅游产品注入活力，提升其品质，并增加其吸引力。文化产业与旅游产业之间出现了相互渗透与促进的情况，这被描述为产业融合。这种产业融合有两种主要表现方式。

（1）文化产业的介入丰富了旅游者的体验

一般来说，特别吸引旅游者的是文化产品，这些产品因其卓越的文化内涵而备受市场青睐并得到广泛传播。这些文化产品可以利用先进的科技工具实现生产，创造出全新的旅游产品，甚至成为旅游目的地。迪士尼乐园是一个成功且具有代表性的范例，它将虚拟的卡通世界实体化，并运用尖端的声光电技术将其呈现出来，为游客创造了全新的感官体验。这种创新的旅游产品形式被称为主题公园。从 20 世纪 90 年代开始，我国开始将领先的发展理念与国内丰富的文化资源高度融合。随着文化元素的逐渐融合，旅游产业也开始出现了全新的产品形式，这些形式的发展在我国呈现出极为迅猛的态势。还有一些受欢迎的音乐演艺的流行，催生了音乐会场地和相关现场，并使其成为新的旅游热点。

（2）文化产业的介入提升了传统旅游产品的文化内涵

以前，旅游产品更多的是在修复和开发原始的人文遗迹或自然景观资源的基础上，向游客呈现一种静态的展示。这种情况已无法完全满足现代游客对于丰富文化体验和积极参与活动的期待，无法完全满足游客追求精神享受的需求。由于文化产业的介入，这个问题已经被有效地解决了。多数现代旅游资源采用了先进的声光电技术将文化创意融入其中，既注入了新的活力和生机，又让传统的单一景点变得丰富多彩、充满文化内涵，以此吸引更多游客的光顾。“印象”系列实景演出是该领域中最为成功的案例之一。该系列通过深入挖掘目的地的文化，选取富有吸引力的文化主题和形象，并以当地的自然山水为背景，让文化主题成为旅游吸引力的源泉。通过采用这种方法，自然山水获得了富含高质量文化内涵的主题形象，从而变得更加明确、集中而不单调。这进一步提升了游客对旅游目的地文化的了解和体验，并增强了目的地的旅游吸引力。

2. 旅游产业会对文化产业产生引致效应和扩散效应

在旅游业的推动下，各地区可以有一个互相交流和传播文化的平台，而且可以为文化资源的开发提供了思路和途径。这可以帮助旅游目的地充分利用文化资源，并促进文化产业市场化和规模化发展，进而推动旅游产业对文化产业引致和扩散效应的产生。

（1）旅游产业的介入有助于文化资源的开发保护和文化的传播

在现代文明与自然环境不断冲击的影响下，一些文化遗产可能会被彻底毁坏，无法复原。这些文化遗产往往并不能直接创造经济效益，因此需要政府进行资金投入以保护它们。尽管如此，一些地方对于保护物质和非物质文化遗产的投资仍显不足，未能很好地满足现实需求，导致这些文化资源保护在资金上遭受限制。旅游业的兴盛为我们开辟了一条解决该问题的新途径。文化资源蕴含着悠久的历史文化内涵和文化信息，这对游客具有天然的吸引力。如果得到合适的开发和利用，它们就能变成非常富有吸引力的旅游项目。发展旅游业能够为全社会带来巨大的经济效益，提高文化资源的保护程度，并获得更广泛的社会关注。

随着旅游业的壮大，越来越多具有不同文化背景的游客游览异国他乡，这种跨文化的互动引发了各种文化之间的交流和碰撞，从而促进当地居民对于自身文化的重新认识，推动了本地文化的传承和发展。将文化和旅游结合起来，举办各种文化旅游节庆，是促进文化交流和传播的重要途径。

（2）旅游产业的介入扩大了文化产业的市场空间

当前，旅游产业已成为全球最大的产业之一，每年有数十亿游客涌向各地，市场规模巨大。随着大众旅游的兴起，文化产业得以实现效益，旅游市场也成了文化产业占领和扩展市场的重要媒介。

除此之外，随着文化旅游的流行，游客的文化意识和对文化创作的兴趣也会愈发增强，这将进一步促进文化消费。举办文化博览会等文化旅游活动有助于提高文化产品的知名度和地位，促进文化产品消费量的进一步增长。

（三）文化产业与旅游产业融合成长的关联机制

将文化产业和旅游产业融合起来，实际上就是通过企业之间的融合和成长以形成整体经济表现。这种趋势通常是由单个企业的融合和成长开始的，这种关联的机制可以通过图 3-1-6 加以说明。因为一家企业的整合发展产生了多种优势，如资源利用率提高、产品竞争优势确立以及市场竞争环境改善，这让它成为其他企业跟随效仿的榜样。然而，要跟随效仿这种模式，必须有两个前提条件：第一，融合型创意技术的普及是企业实现并购、融合的基础前提，只有这种技术得到有效传播，才可能促使其实现公司结构和能力的转型；第二，为了实现转型，企业需要进行组织结构和能力建设，并且必须考虑到之前从事的行业或服务所带来的限制，因此需要承担转型所需的软、硬件和管理等方面的成本约束。合并后产业的市场竞争格局发生了改变，这是因为其他企业效仿并跟随了该模式。这种变化对企业的行为和市场表现之间的相互关系产生了进一步影响。关联机制使得企业融合引起的市场竞争结构、企业行为和市场绩效的相互作用会对产业的市场需求产生影响。如果产业融合能够成功地拓展市场需求并为产业内的多家企业提供发展支持，则可以确认融合后的文化旅游产品市场处于健康状态。

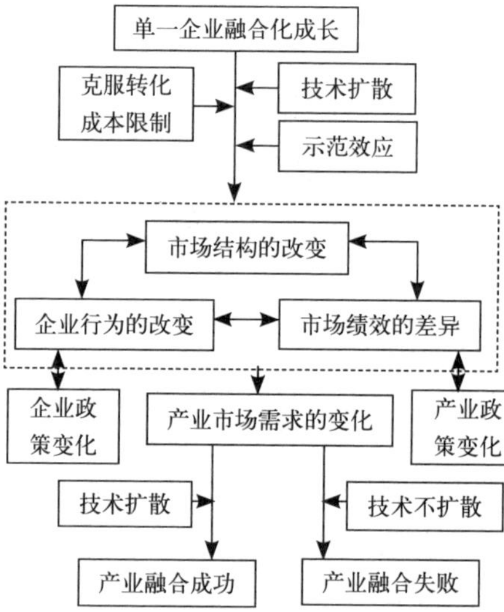

图 3-1-6　企业融合与产业融合的关联机制

根据以上分析，可得出结论：文化产业与旅游产业的结合主要受四方面因素的影响，即创意技术的普及程度、转换结构和能力的成本、消费需求的扩大以及国家产业政策的调整。只有当各个方面因素协调一致时，企业融合和产业融合才能以最大规模和最快速度实现。

五、文化产业与旅游产业融合的激励机制

文化产业与旅游产业的交叉运作是在市场需求和创新的作用下形成的。这种交叉运作包括水平渗透、垂直合并、战略联盟和创新产品的融合等多种行为。企业为获取更大经济效益的内在因素也对这些行为的发生产生了影响。很明显，两个产业的融合是由外部和内部的激励机制共同推动的结果。我们可以借助图 3-1-7 来了解文化产业和旅游产业融合的激励机制。

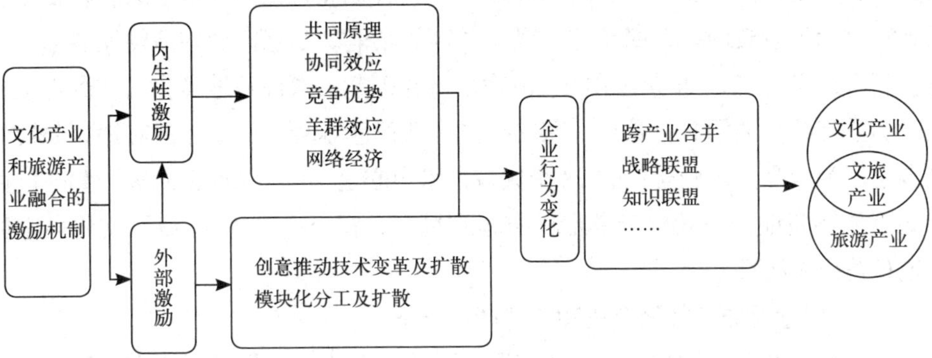

图 3-1-7　文化产业和旅游产业融合的激励机制

传统的旅游由观光逐渐转向体验、娱乐、休闲等方面，同时竞争增加、信息技术革新以及产业分工的进一步细化等重大变革成为外部推动力的主要来源。这些变化为某些文化企业和旅游企业带来了强大的动力与挑战。文化旅游企业还可以利用内部激励机制来探索市场，获得各种机遇。

（一）产业融合的外部激励

1. 创意推动

英国经济学家亚当·斯密在其著述《国富论》中提出："如果一种劳动要求超凡的技巧和智慧，那么出于对这种才能的尊重，人们对他们的产品所给的价值自然要高于他们单纯劳动时间应得的价值。"在全球经济进入以知识为核心竞争力的时代背景下，文化创意和科技创新正成为现代经济增长的双引擎，创意更被认为是决定经济效益的关键因素之一。美国学者理查德·弗罗里达认为：从经济学的角度看，创意也是一种资本形式——可称为"创意资本"。人们的新理念、新技术、新商业模型、新文化形式和新产业，这些都是"创意资本"。①

（1）创意拓宽了旅游资源的范围

根据国家标准《旅游资源分类、调查与评价》，旅游资源主要分为八大主类、23 个亚类、110 个基本类型。这些资源包括了自然和人文等多个方面。然而，旅游资源并非静态不变的，它的功能和内涵造就了它在不断地发展和演变。随着人们消费需求、认知水平和开发水平的提升，旅游资源的范围和深度在不断地变化。创意在扩大这个范围时发挥了至关重要的作用。创意能够在旅游产业中不断注入

① 弗罗里达．创意阶层的崛起[M]．司徒爱勤，译．北京：中信出版社，2010.

新鲜元素，带来趣味、知识、时尚和创新，同时也能将社会经济中的各种资源和活动转化为旅游资源，并赋予它们吸引游客的功能。创意产业的蓬勃发展催生了许多新型旅游景点，如动漫乐园、博物馆、音乐节、影视基地等，这些景点也成了吸引游客的重要因素。甚至，很多创意产业园区本身也成了旅游胜地。如被知名杂志评为最有文化标志性的22个城市艺术中心之一的“798艺术区”如今已成为北京旅游新地标，吸引着全世界游客的目光。在上海，“海上海”文化创意园区也日益引人注目。

（2）创意延伸了文化产业和旅游产业链条

企业作为产业链的核心，通过产品、技术、资本、市场等手段在旅行社、餐饮娱乐、游览体验场所、旅游交通等业务中进行衔接，从而构建起文化产业和旅游产业的链式关系，并且可以将这种关系扩展到文化旅游商品等领域。随着产业链的不断完善，文化旅游产业的价值链也在逐步扩大。考虑到这一点，许多地区正在致力于拓展文化旅游产业链，以此作为发展文化旅游产业的目标和追求。将文化产业和旅游产业与创意相结合，可以为文化旅游产业的价值链带来双重增值。一方面，可以将创意应用到文化和旅游产业的不同领域，成为促进文化和旅游产业发展的“投入因素”和“增值资本”，为各种类型的文化和旅游产品增加附加价值，带动文化和旅游产业链条的变革，结束以往的简单循环或单项循环模式，促进文化产业、旅游产业及各领域的相互融合与协作，为构建一个更为广阔的文化和旅游产业生态系统注入新的活力。另一个方面，创意在文化旅游产业中的应用渗透到生产、流通和销售各个环节，促进了产业链向上游设计环节和向下游销售渠道的延展，有效地拓宽了文化旅游产业链。

（3）创意提升了旅游产品的文化内涵

创意强调了个人思维的力量和创新，同时也表明了文化艺术在促进和支持经济方面的重要作用。通过将创造力应用于已有的文化领域，创意活动推动了文化的创新和发展。这种方式将独特的知识创造和创意变革融入文化中，使文化内涵更加丰富，同时将其与旅游资源和经营等结合，创造了新的、活跃的文化旅游产品。这种方式有效地激活了文化资源，为人们带来有趣、时尚、富有知识性和艺术性的文化旅游产品。创意的运用可以为旅游产品增值，其中包括故事和符号等文化元素，这些都是提高文化价值的有效方式。

2. 技术变革

越来越多的文化及旅游企业开始广泛应用信息技术和互联网技术，以获取市场信息、产品设计和改进方案、营销策略以及信息反馈等。越来越多的消费者开始利用互联网搜集、咨询并预定文化旅游产品。政府通过智慧旅游系统收集信息、提供服务和进行行政管理等。这些都表明，信息技术革命是一场崭新的技术经济模式创新，其影响力日益广泛，正在深刻改变文化旅游产业经济系统的各个方面，推动其发展及变革。

（1）技术变革促进了文化产业与旅游产业的融合

技术变革作为技术经济范式的变革，一经发生便对文化产业和旅游产业产生了巨大的影响。如数字技术的运用改变了博物馆等文化展示场馆的展示方式，互联网的使用改变了传统旅游营销方式。更重要的是，信息技术变革促进了数字技术在传统文化产业和传统旅游产业中的扩散。随着信息技术的发展，传统的文化产品和旅游产品也得到了新的改变。使用信息技术不仅可以提升产品的文化表现力和吸引力，还为文化产业和旅游产业奠定了相同的技术基础。因此，这些产品更容易相互融合，展现出彼此特有的特点，从而促进了文化产业和旅游产业的融合。

（2）技术变革扩大了两大产业的市场规模

随着技术的不断变革和普及，全球市场逐渐形成一个统一的大市场，并扩大了文化企业和旅游企业的经营范围。通过使用高新技术，文化产品和旅游产品的类型、种类和形式等都发生了变化，对旅游者的吸引力和消费的方便性都有很大的提高，从而使内、外部市场规模都得以扩大。市场规模的扩大以及市场的进一步细分，又对产业融合的演进和企业组织结构的变革起到促进作用，进而影响到两大产业发展战略的选择。

（3）技术变革加快了文化旅游产品生命周期演化进程

技术在促进服务的高效性和文化旅游活动体验的深度性等方面具有独特作用。随着技术的不断进步，它不仅能够提高服务效率，还可以深化文化旅游活动的体验，这为文化旅游经济的发展提供了有力的推动力量。因此，越来越多的文化和旅游企业开始重视技术变革，竞争也越来越激烈。为了维持自身在市场中的地位，以及强化文化旅游产业形象，文化旅游企业会充分运用高科技来开发和推广文化旅游产品，促进新产品的市场推广，并改良现有产品，从而使文化旅游产品的生命周期延长，这也促进了文化旅游产业整体发展水平和素质的提升。

（4）技术变革加剧了环境的复杂性与动荡性

尽管高科技可以拓展市场规模，但它也使企业经营环境变得复杂和不稳定。现今，越来越多的企业在文化旅游领域中采用高新技术进行产品开发及市场拓展，有效提升了该领域的营销效率和范围，同时也进一步加剧了文化旅游市场的竞争程度。这也在一定程度上迫使文化和旅游企业转变经营理念和产品认知，从而促进企业之间协同与融合共生。

3. 模块化分工

模块是系统中一种独立的子系统，它会按照一定规则与其他的同类子系统互动，以便构建更为复杂的系统或过程。模块化是一种构建复杂产品或业务的过程，通过设计多个独立的子系统并将其组合在一起，实现整体功能。这种结构能够在不断变化的环境中推动系统的动态演进，保持平衡。模块化包括模块的分解和集成两个阶段。模块分解化指按照特定的联系规则，将一个复杂的系统或过程划分为互相独立的子系统，方便单独进行设计和控制。这些子系统可以相互配合，形成一个完整的系统或过程。模块集成化指将相互独立设计的子系统按照确定的联系规则整合为更为复杂的系统或过程。下面所阐述的是模块化对文化产业和旅游产业实现融合发展的影响。

（1）促进了产业结构的模块化

文化产业与旅游产业的互动日益增强，并促进了各模块之间向对方产业的拓展，因此它们扮演了“联合剂”的角色，推动了文化产业和旅游产业之间的互动和联系。此举也推动了文化旅游业的蓬勃发展，促进了众多行业的发展，并促使模块化产业结构不断壮大和成熟。文化旅游企业面临着重大的变革，这主要是因为产业结构的模块化带来了全新的经营环境。为了适应这种环境，企业需要重新审视并调整其发展战略、组织结构和行为方式。企业战略行为的变化进一步模糊了两个产业之间的界限，助推了产业发展方式的转变。

（2）促进了分工的演进

随着文化市场和旅游市场的日益发展，劳动分工正在向更细化、模块化的方向不断发展。将模块化技术拓展到其他行业，可以减轻市场波动带来的不稳定因素，从而降低不稳定因素带来的经营成本上涨的风险。文化产业和旅游产业互相融合，使得产业经营成本得以降低。这个趋势加快了分工的改变和发展，造就了一种新的产业演变形式，即“从分工到分工”的逐步演进。

（3）缩短了产品创新的时间，促进了融合型产品的创新

在开放系统中，文化产业和旅游产业之间存在着相互作用的关系，这有助于企业将文化和旅游模块整合在一起，并且积极推动融合型产品的发展。融合型产品的出现意味着两个不同产业的结合，并且采用了模块化分工的方式将整个产品系统拆分成多个独立的模块。这些模块遵循一致的设计规则并相互配合，以自我演进。这种模式大幅缩短了产品创新周期。

（4）促进了模块化组织的出现

随着文化旅游产业中模块化分工的应用普及，越来越多的企业开始采取明确的设计规则，专注于开发、制造、销售或服务等专业模块，以获得规模经济效益，这使得模块化组织越来越流行。例如，在电子商务网络出现后，一系列专业化的旅游电子商务网站也出现了。在《印象·刘三姐》实景演出成功的示范引领下，专门从事旅游演艺策划的公司出现了。共生和协作等商业理念的发展引领了模块化组织的兴起，对文化旅游产业的发展方式产生了重要的影响。

（5）促进了文化旅游产业结构的分解与重组

将产品系统拆分成多个模块可以促进模块的生成和演化，同时采用模块化经营可以激发模块的创新，进一步引导产业结构的纵向和横向分化。通过整合不同模块，文化和旅游产业中的企业实现了集中化。这推动了融合型产品的创新，促进了产业结构的重组，进而催生了一个兼具文化和旅游双重属性的新兴产业——文化旅游产业。

（二）产业融合的内生性激励

文化产业与旅游产业融合的内生性激励是指激发两大产业中企业主体行为变化的动态内部力量。这些力量包括共生原理、协同效应、竞争优势、羊群效应等。

1. 共生原理

在相同的环境条件下，不同系统的产生和发展在彼此关系总体上是可以互相促进的。一些系统彼此之间互相依赖并能相互协作，因为它们可以相互提供所需的功能和服务。某些事物可以通过介入环节来直接存在，因为它们处于相同的循环过程中。这些系统也可以通过成为彼此的竞争对手来互相刺激发展。当然，有些系统可能会发生相互竞争，但即使这样，它们也可以在某些方面互相补充。如果有两个能够相互补充并共同发展的产业系统，那么它们之间将会相辅相成。也就是说，一个产业的发展进步会带动另一个产业的发展，而另一个产业的发展也将反过来提高第一个产业的水平。文化产业和旅游产业有共同的特征，即满足消费者的精神需求。这两个产业在创意、技术和模块化分工方面的推进下，形成了一个彼此依存的生态系统。另外，文化和旅游产业之间天然存在联系，旅游业的发展基于文化资源，通过将文化资源产业化，推动产业的发展。通过旅游业，文化产业展示了其独特的内涵和吸引力，并取得了经济价值。在这个环境下，不同企业必须采取“共存共荣”的策略，相互依赖、协同发展，以更好地适应新的环境。显然，它们之间的共存关系将会随着内外环境的变化而不断演化和改变。

在文化旅游产业中，个体行为受到相互依存原则的显著影响。随着产业的快速发展，经营环境的复杂性也在不断提高。与此同时，文化旅游消费者的需求正在迅速演变，产品的生命周期也变得越来越短暂。企业如果只依赖产业内部的资源和能力，就无法迅速适应市场环境的变化，这可能会带来不确定性的影响。只有与其他企业紧密协作，并齐心应对环境上的风险挑战，方能促进企业的自我进步。创意和技术的改变将在文化旅游领域引起巨大变革，这种变革也会深刻地影响不同产业之间的合作方式。如果企业希望适应旅游者需求的变化并促进整个行业的发展，那么积极地参与跨行业融合是必不可少的。

2. 协同效应

协同指的是系统内不同部分之间密切协作、互相支持，以展示系统整体性和相关性的现象和行为。协同效应可被分类为内部协同效应和外部协同效应两种形式。随着实践的不断推进，越来越多的文化或旅游企业开始与外部协同合作，这是由于产品的互相适配性和可替代性得到了提高。本书的核心之一在于研究文化产业和旅游产业相互促进的机制。这种协同作用指的是这两种产业主体之间共享独特资源，无论是物质还是非物质形态，通过共同协作或操作，实现价值提升。

外部协同效应是指在复杂开放系统中，许多子系统之间协同作用所造成的整体效应或集体效应，是由不同主体间的相互作用而产生的结果。这种效应体现了各个子系统间的相互依存和互动。随着市场环境和分工方式的演变，模块化经营战略和模块化组织在企业中的应用日益广泛，这使得企业之间的差异越来越明显。一个系统虽然有一些功能，但只有与其他系统相互配合，才能充分发挥其作用，并通过与其他系统的合作获得更多的价值。这种模式是一种具有创新性的合作方式，推动了不同行业的企业积极参与外部协同合作。

内部协同效应是企业在利用多种资源时所带来的效益，这种效益是企业实施多元化战略的结果。企业在开放的产业系统中，通过整合不同产业要素协同运作，可以获得更高的经济效益。内部协同效应直接激励着企业对不同产业构成要素进行整合。例如，常州的中华恐龙园每年都会推出新的游乐设施，在文化内涵上和创新上做足了功夫，为的就是让游客体验人类一直探索的远古时代恐龙文化的博大精深。借助“旅游＋地产＋文化”的商业模式，不仅实现了自身的不断壮大，更给常州这个新兴旅游城市赋予文化内涵和活力。

3. 竞争优势

扩大竞争优势对于产业的发展至关重要，因为只有具备竞争优势，才能在竞争中立于不败之地。产业必须不断掌握新的创新，以提高扩大竞争优势的内在动力。企业的核心能力能够决定其竞争优势。根据哈梅尔和普拉哈拉德的观点，核心能力是关于如何协调不同生产技能和有机结合多种技术派别的知识，其实质上是一种整合的能力。[①]企业通过把不同产业中的要素进行重组，可以整合不同产业属性或功能，把不同产业所具有的功能集中到同一个产品中来，从而促进了融合型产品的创新。融合型产品会对其他产业中的产品形成替代，企业通过这种替代效应来获取其竞争优势。

作为国内最早涉足主题公园与旅游文化演艺行业的公司之一，宋城演艺借助杭州丰富的旅游资源和游客基础，获得了快速发展。宋城演艺主营主题公园和旅游文化演艺的投资、开发和经营，主要业务模块包括了文化类主题公园宋城景区、游乐类主题公园杭州乐园和动漫馆，其中的核心产品为在宋城景区内上演的大型旅游文化演艺节目《宋城千古情》。经过二十多年的发展，宋城演艺开创了“主题公园＋旅游文化演艺”的创新性业务模式，获得了长足发展。在宋城景区上演的《宋城千古情》大型文化演艺节目，融合了杭州丰富的历史文化和神话传说，以杂技、武术、歌曲、马戏等多种艺术形式为载体，综合运用现代化高科技特效和道具，向游客提供了一道展示杭州特色的文化大餐。杭州乐园不仅提供大型游乐设施，还通过举办创意活动如嬉水狂欢节、极限运动节等，让游客享受更加丰富多彩的娱乐活动。动漫馆曾作为中国国际动漫节的主会场，承办了2008年至2010年三届活动。在过去，动漫馆的主要收入来源是通过向动漫节和其他展会出租场地来获得收益。自2012年场馆改造以来，动漫馆已经转型为一家主要通过出售门票获取盈利的动漫主题乐园。

这种“主题公园＋旅游文化演艺”深度融合的经营模式，极大增强了各业务模块的联动效应和协同效应。该经营模式有效克服了单一主题公园的文化内涵不够丰富、建成后缺乏创新和变化的缺陷，以及单一旅游文化演艺节目体验层次较少、无法满足游客亲身参与和互动体验需求的缺陷。

4. 羊群效应

羊群效应是指市场上的企业相互模仿的现象。在不断变化的市场环境下，企业往往会受到“从众行为”的影响，这意味着企业的决策往往会受到市场已经做出决策的人所占比例的影响。模仿的内在激励之一在于模仿的成本比自主创新的成本要低。在文化旅游产业的全部网络中，模仿有助于传承和推广创新新形态的产品或服务。这促进了文化和旅游产业在更广泛的地域、时间和行业领域中融

① 哈梅尔，普拉哈拉德．竞争大未来[M]．王振西，译．北京：昆仑出版社，1998.

合，同时也拓宽了新产品的市场范围。此外，它还能够促进新产品替代已有产品的能力，或优化新旧产品之间的协同效应，进而积极地促进文化和旅游产业的融合。

第二节 旅游与文化产业融合发展的模式

在新经济和新技术环境下，探索和研究文化产业和旅游产业融合模式已经成为一项创新性探索。将文化产业和旅游产业进行融合已经变得至关重要，而深入研究融合模式是解决这一问题的关键。本节从文化产业和旅游产业融合模式的内涵、构成要素、类型划分，以及融合发展模式等几个层面，对文化产业和旅游产业融合发展的模式进行研究。

一、文化产业和旅游产业融合模式的内涵

（一）模式的内涵

模式一词，源于拉丁文。《辞海》中对模式的解释是，一般指可以作为范本、模本的式样。最初，人们常常将模式与模型相提并论。人们认为模型要与自然物体的客观实体相联系。但后来，人们的认识逐渐演化，从实物客体模型转变为理论模型或理想模型。这种演化产生了对模式概念的新的理解。由此可见，模型不再只是简单地呈现客观或主观的原貌，而是通过实践和科学原理的运用，创新性地设计和塑造出全新的概念、实体和行为方式。也就是说，各种管理制度和社会结构都可以被视为模型或者模式，用来描述人类社会的存在形式。

通常情况下，模式指代特定事物及其运动的基本结构或基本图式，这类事物并不具备具体的细节。抽象模式是一种有效的分析方法，它能够用简洁的方式描述事物系统的内在逻辑和运动规律，包括事物的结构特征和运动特性。因此，我们可以将模式视作系统内或系统间各元素的组合方式及其运作流程的范式。模式通常由目标、功能和机制三个元素构成。为了指导系统的发展和各内部要素的相互作用，需要设定一个目标。在文化旅游产业中，这个目标指将长期战略目标拆分为产业发展和运营方面的策略。功能通过相互作用的各要素，诱发系统内部或外部环境中的一些事物发生改变。在文化旅游产业的融合中，机制指的是各个要素之间的相互交融和联系，也就是产业运营系统的设计。

一般意义上来说，产业融合模式就是对产业的融合方式和融合特点的概括性描述。

（二）文化产业和旅游产业融合模式的内涵

文化产业和旅游产业是以满足人们精神文化需求为主的行业，与其相关的行业领域非常复杂，再加上所处经济环境的不断变化，因此无法采用一种简单的特定业态模式来适应所有行业，并且无法保证在不同条件下，该特定模式都能获得非常好的价值成果。因此，当前主要任务在于设计一种适合文化产业和旅游产业相融合的业态模式，以创造独特的核心优势并提高竞争力。文化产业和旅游产业最显著的特征是它们不仅有经济价值，同时也具备社会价值。因此，在探究它们的融合方式时，我们不仅应该考虑经济利益，还需考虑社会效益。只有这样，才能准确地把握文化产业和旅游产业的融合模式。

不同的融合路径会影响融合的过程和方式，因此往往会出现不同的融合模式。文化产业和旅游产业融合的规模在一定市场条件下受到地区发展的限制及市场机制、政府机制的影响。此外，资源条件、消费市场因素和成本等也会对其产生重要影响。因融合动力因素和资源利用方式不同，文化产业和旅游产业的融合的基本模式也具备多样性，促使不同的融合模式呈现出各自独有的特征。

结合文化和旅游产业的融合特点，可以这样定义文化产业和旅游产业融合模式：文化产业和旅游产业融合模式指在市场主导和政府调节的双重作用下，文化企业和旅游企业基于外部条件和自身资源，在创造、传递和获得价值的过程中，实现经济价值和社会价值的协同发展。文化产业和旅游产业发展的外在条件是指这些产业所处的社会环境，包括政治、经济以及文化政策等国家和政府层面的因素。产业所拥有的内部资源包含了可供产业化的文化旅游资源、人力资源和资金资源等。

二、文化产业与旅游产业融合模式的构成要素

随着社会经济的发展，文化产业和旅游产业开始融合，形成了一种适应新经济环境的产业发展模式。明确了文化和旅游产业融合模式的概念后，就需要进一步分析其构成要素，以更好地研究这一领域。因为每一种产业或企业的融合模式在构成要素和内在联系方面都具有其独特之处。以文化产业和旅游产业的融合特点为背景，文化产业和旅游产业的融合模式的构成要素包含五个方面，即价值主张、目标市场、核心资源、知识产权制度、资本运作。

（一）价值主张

价值主张有两个方面的含义：一方面，将文化产业和旅游产业相融合，提供出一系列产品和服务，为特定客户群体创造价值。这些价值可以被视为文化旅游产业所提供给客户的受益集合或受益系列，它们展示了文化旅游产业的经济利益主张。另一方面，文化旅游产业具有独特的精神文化传承功能，所以与其他产业有所区别，因此其价值不仅仅体现在经济方面，还包括向社会传递的价值。

（二）目标市场

目标市场即文化旅游产业所服务的是有不同文化旅游消费需求的细分市场。文化旅游产业是以顾客体验和放松需求为导向的文化产业，旨在为客户提供文化旅游产品，并针对不同市场需求的差异进行相应调整。文化旅游企业可以通过以下途径来找准目标市场，进行客户细分。

第一，针对不同的客户群体提供独特的文化产品或服务，以满足他们各自的需求；第二，针对不同的客户群体开发不同的分销渠道；第三，根据不同的客户需求，与客户建立不同类型的关系；第四，要抓住愿意支付额外费用以享受独特的文化产品或服务的客户群体。文化旅游企业要想做出明智的决策，就需要识别客户的需求并明确目标群体。一旦做出决策，企业就可以根据对特定客户需求的分析，认真设计匹配的融合方案。

（三）核心资源

核心资源是指能够使文化产业和旅游产业融合模式持续运转的资源，其中人才资源和文化资源是最为关键的。

1. 人才资源

在文化产业和旅游产业融合模式中，人才资源是核心部分，包括创意人才、技术人才和经营人才三类。创意人才以其核心的创造力为优势，依靠自主知识产权，运用专业或特殊技能，将抽象的文化内容直接转化为有着高度经济价值的文化旅游产品，并提供智力服务。这类人才的显著特征之一是具有创新性，主要表现在以下三个方面：首先，他们有很强的个人创新能力；其次，他们具有创新本土传统文化与艺术的能力；最后，他们具备将其他民族文化艺术融入自身创作的迁移和融合能力。虽然技术人才不一定拥有核心的创造能力，但是他们有能力利用高新技术将文化产业和旅游产业巧妙地结合在一起，以此来呈现原始创意。文化旅游产业的经济属性要求经营人才需兼备对文化的感悟与理解能力，并具备敏锐的市场调查和文化消费市场研究的能力。

2．文化资源

文化旅游产业的发展离不开丰富的文化资源，并将其作为基础和支撑。不同地区拥有不同的文化资源，这些资源包括人文环境、地理环境、物质文化遗产以及非物质文化遗产等。这些文化资源既有自然的、历史的，也有经过人为改造、开发的。并非所有的文化资源都能被利用到文化产业与旅游产业的融合中。重点在于，文化旅游业的发展应该优先考虑那些具有吸引力的文化资源，并且不能仅仅依赖于那些具有象征意义或符号意义的文化资源。魅力文化资源指的是拥有独特性和吸引力的资源。

（四）知识产权制度

建立健全知识产权制度的目的是确保文化旅游产业所涉及的知识产权得到合理的创造、利用、保护和管理。文化旅游产业是依靠知识、智力和创造力来运营的一种知识型经济。文化旅游经济的发展得益于文化差异的存在，而知识产权则为文化旅游产品和服务提供保障，是促进文化经济化和产业化的关键因素。在文化旅游产业中，建立健全知识产权制度有利于文化产品的创造和保护。该制度能够促进文化旅游政策的完善，加强文化旅游市场的建设和管理，并推动文化旅游产业的全面进步。

（五）资本运作

为促进文化产业与旅游产业的融合，资金支持也是必不可少的。利用资本运作可以有效提高文化旅游企业的资源配置效率，包括优化成本结构和增加收入来源两个方面。优化成本结构需要文化旅游企业关注在特定的融合模式运作下所引发的最重要的成本。很明显，在融合模式中，企业需要尽力把成本降到最低。但在文化产业和旅游产业的融合中，原创性是非常重要的，因为这是发展的核心和基础。文化旅游产业最重要的竞争力在于创意和创造性人才。假如企业完全忽视创意和人才方面的投资，只关注成本的降低，那么它们最后有可能会失去市场竞争力。文化旅游企业的收益指从每个客户群体中获得的现金收益，其来源包括一次性收入和经常性收入两类。文化旅游企业必须深入了解客户细分群体的需求和偏好，以便确定什么样的价值能够让客户细分群体真正愿意消费，从而形成一个或多个可持续的收入来源。文化旅游企业需要重视可持续发展，并且不应为了追求短期利益而推出一些“伪文化”或“反文化”的产品和服务。

三、文化产业和旅游产业融合模式的类型划分

文化产业与旅游产业的融合是一个不断变化且十分复杂的过程，实现它的过程中会受到许多因素的制约和影响。从需求主体和供给主体之间的相互作用、组织实施的不同主体、不同组织方式等角度，可以将其归为不同的模式类型。

（一）根据融合形式划分

这里，本书根据文化产业和旅游产业的核心价值特征、融合互动方式和融合程度大小等，将两大产业融合的模式分为产业一体化融合模式、产业重组型融合模式、产业延伸型融合模式、产业渗透型融合模式四类。

1．产业一体化融合模式

产业一体化融合模式是指将文化产业和旅游产业在一定空间范围内，通过整合产业规划、发展、产品、服务设施、市场和管理等方面，实现产业间的相互渗透和优势互补，从而实现共同发展的一种融合模式。

（1）因地制宜化融合

经过充分考虑本地资源、地理位置和市场特点，并根据自身的定位和文化旅游产业布局，各地区正在努力实现产业间的错位发展和优势互补，以达到产业差异化优势发展的目标。为了在发展中赢得竞争优势，产业融合必须明确文化产业和旅游产业的核心、主体和重点方向，进而制定出合理的发展规划和切实有效的政策措施，以促进文化产业和旅游产业的有机融合和协同发展。

（2）通过产业资源的融合，实现产业一体化的融合发展

要促进文化产业和旅游产业的有机融合，需要在更广泛、更深入的领域优化资源配置、整合各产业资源、加强产业间的联系。这对于优化投资、提升服务、促进产业升级和扩大文化旅游市场等方面都有积极意义。首先，要尽可能利用市场、产业和企业这些纽带，打破行政区域和管理体制的限制，从产业集群建设的角度出发，扩大区域文化旅游的产业带，并提高产业的辐射力。建立和延伸上下游产业链，以达到资源共享、优势互补、互利共赢的目标。其次，以大的文化旅游项目为龙头，主动加强文化产业和旅游产业间的信息交流，实现产业之间的对接和融合，主动融入文化产业和旅游产业的一体化过程中，自觉接受融合产业的辐射力和带动力。通过推进龙头项目的发展，促进文化旅游产业的综合发展。再次，还应积极推进相关配套产业的发展，以构建完善的产业链。为推动区域文化旅游产业融合发展，采用创新的方式是关键。需要增强各行各业的合作，共同建立一个创新平台，建设能够满足多行业需求的公共服务体系，从而提升地区融合

发展的实力。最后，需要把基础建设作为支撑，促进区域文化旅游产业经济的一体化。在产业一体化的框架下，加强地区文化产业和旅游产业重大基础设施的合作，通过基础设施的一体化发展，形成组团式格局，促进信息的交流和共享，进一步强化融合效应。

（3）通过产品的融合，构建区域统一市场

如今，产业间的竞争日益激烈，实现资源共享、要素整合、优势互补、合作共赢，都要以市场的统一为基础。为了实现此目标，需要制订一份完备的方案，用来引导体制机制的优化，促进协作沟通，同时消除不合理的行政干预和市场限制。需要构建一体化的综合市场，涵盖人才、资本、技术、信息等各要素，以实现生产要素的流动和更好地进行资源配置，从而推动区域市场间的融合发展。

2. 产业重组型融合模式

产业重组型融合是指将互相关联的不同产业重新组合，将原本独立的产品或服务整合为一体，实现共同获利的过程。产业重组型融合模式是先打破旅游产业和文化产业原有的价值链，再将它们重新组合成一条全新的价值链，从而实现产业融合发展的模式。这种模式会造成一种短时间内的混沌状态，但新的价值构造通道可以帮助其重组并提升核心环节的价值。

文化产业和旅游产业可以拆分成多个子产业，这些子产业之间可以通过重新组合和融合，提供全新的产品或服务，它们将与原有产品或服务有所区别。可以从以下方面实现产业重组融合：首先，将文化产业和旅游产业内容相结合。可以通过加强各个子产业的合作，开发新颖独特、具备强大创意的文化旅游产品。例如，可以在影视城场馆设计、博物馆艺术设计、节庆活动策划等领域促进前期原创的深度融合，创造出一批新颖且独特的文化旅游产品。如浙江横店影视城在设计之初，就考虑到了影视文化产业和旅游业的融合一体发展，通过布局、功能组合、配套等设计，实现了两大产业的重组融合。一些文化特征十分鲜明且文化价值极高的遗址类博物馆在设计中充分利用先进理念和技术，实现了文化传播和旅游发展的统一，如浙江的良渚博物院和四川的金沙遗址博物馆等。一些节庆活动在活动内容、活动地点、活动管理等方面，也实现了文化产业和旅游产业的重组融合，如青岛的国际啤酒节等。其次，实现文化产业和旅游产业在商业模式上的融合。文化产业和旅游产业由于有着共同的利益，并且有着共同的市场群体，因此其投资、产品设计、产品的品牌管理、产品链的延伸、价格设计、市场营销等商业模式，完全可以实现融合统一，如旅游演艺、动漫游戏等产业领域的商业模式融合。

随着高新技术的不断进步，产业链重新整合和融合的趋势表现为以高新技术为纽带、以创意为动力整合产业链的上下游。整合后的新产品呈现出科技化、体验化的趋势，其发展方向主要为影视、音乐、创意等产业，并在旅游产业中吸取发展经验，真正实现文化产业与旅游产业的融合发展。新兴文化旅游产业如虚拟旅游和旅游影视已经盛行，这些产业的发展正是由它们之间相互合并与融合所带来的跨越式进展。这些产业融合实际上是为了拓展并延伸产业链。文化产业和旅游产业的重组融合的具体内容如图 3-2-1 所示。

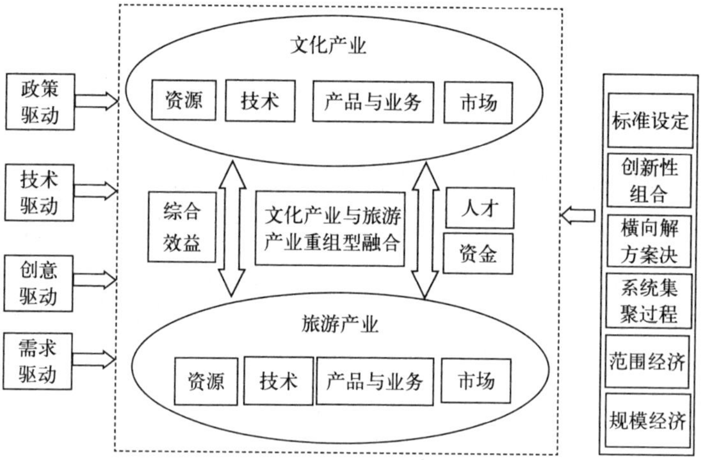

图 3-2-1　文化产业和旅游产业重组型融合模式

这种发展模式以具体的文化旅游活动或产品为纽带，重组旅游与文化产业活动，以实现两者的融合。在这种模式下，通过整合两个产业的资源，并借助节庆展览和举办地的旅游资源，以互动式的文化创意体验活动或项目为核心，打造全新的文化旅游形态。这不仅能增加举办地的旅游吸引力，还能有效地展示并推广文化创意产品，从而促进文化旅游行业的迅速发展。

3. 产业延伸型融合模式

产业延伸型融合是指在具有功能互补的产业之间通过延伸的方式实现产业的融合。通过延伸型融合，原有产业能够被赋予新的附加功能和更强的市场竞争力，以此形成新的融合型产业体系。文化产业和旅游产业的延伸型融合主要体现在文化产业和旅游产业向对方产业的延伸渗透。它凭借创意和技术支持重新建造出具有强大吸引力的不同文化主题和形态的文化旅游产品。

文化产业的发展很多时候会受制于文化资源的吸引力、文化服务设施和市场规模，旅游产业的发展很多时候受制于文化资源的底蕴。在融合发展的过程中，文化产业和旅游产业不仅需要在各自产业内部、各个产业之间不断融合、创新，而且需要在现有的基础上向外延伸和扩展。也就是说，我们不仅可以将目光投向文化产业和旅游产业所能覆盖的范围之内，还要尽可能多地向对方产业部门延伸拓展，以丰富文化产业或旅游产业的内涵，扩大文化产业和旅游产业的市场供给水平。因此，在实现文化产业和旅游产业更好发展的路径选择上可以根据产业特殊性，不断寻求产业间的延伸融合发展。

这种融合模式利用不同产业间的互补功能，使各环节在产业价值链中相互渗透延伸，从而模糊各自产业的边界，最终实现产业的融合发展。根据旅游和文化产业未来的发展趋势，可将延伸融合模式进一步分为两种：旅游产业向文化产业延伸的融合模式和文化产业向旅游产业延伸的融合模式。

（1）旅游产业向文化产业延伸的融合模式

在这种模式中，旅游产业占据主导地位，主动向文化产业延伸发展。这主要表现在赋予文化产品生产基地、文化产业园等旅游功能，并以此为空间载体，发展旅游产业。目前，文化产业园的形式主要包括动漫基地、影视基地、各种文化艺术区等，从功能上看它们包含对文化产品的设计、制作、交易及对专业人才的培养等多种方面，是产学研一体化的文化产业集聚区。文化产业园的初始目标是为文化产业发展服务，但其本身也是个特殊的旅游景点。它们富含文化气息，可以呈现各类艺术品的生产过程，对很多游客具有吸引力。通过旅游产业向其延伸发展，能把这种旅游吸引力充分发挥出来，实现其旅游功能。这一方面能够增加文化产业园的经济收益，加快成本回收；另一方面大量游客的到来，有利于文化产业园人气的聚集，有助于品牌效益的形成和市场知名度的提高，能够推动文化产业更好地发展。目前，国内这类融合发展模式比较典型的案例是北京 798 艺术区，它通过实现其旅游功能，取得了比较好的经济效益和社会效益。

（2）文化产业向旅游产业延伸的融合模式

这种融合模式已在多地获得成功，相对比较成熟。它主要是指当地政府或旅游企业利用各种科学技术、制作手段及表现手法，将文化元素引入传统的旅游产业中的模式，比较成功的案例有《徽韵》《禅宗少林·音乐大典》《大宋·东京梦华》等旅游演艺。它们以旅游资源为载体，营造出文化的氛围，促进了两大产业的共同发展。这类融合模式所依托的旅游景点本身就具有一定的知名度，也有一定的旅游产业基础，但通常缺乏良好的收益模式，对门票收入依赖过大，不利于旅游产业的可持续发展。文化产业的介入增加了众多的文化创意项目，提升了旅游景点的文化内涵和对游客的吸引力，能够有效增加游客的逗留时间，取得了良好的经济效益。如《印象·刘三姐》中的桂林山水，其本身就是以优美的自然山水著称，早已声名远播，但它只是一个单纯的观光型旅游景点，游客停留天数少，门票收入是当地旅游业的主要收入来源。而通过文化产业的延伸融合，在晚间进行的大型山水实景演出丰富了产品类型，增加了游客的逗留时间，带动了餐饮、住宿和购物收入的增加，优化了旅游产业结构。

4. 产业渗透型融合模式

这种模式是借助技术创新或管理创新，将原本属于旅游产业或文化产业的价值链环节部分或完全地渗透到另一产业中，促使它们相互交融，形成新的旅游文化产业或文化旅游产业形态。旅游产业与文化产业的渗透型融合模式根据渗透的方向性，可以分为两种融合模式：文化产业向旅游产业渗透的融合模式和旅游产业向文化产业渗透的融合模式。

（1）文化产业向旅游产业渗透的融合模式

拥有强势文化符号的文化企业利用其产品的文化内容优势和市场传播优势，借助技术和管理上的创新突破文化产业的边界，开发出各类富含文化主题内涵的旅游产品，推动旅游产业与文化产业的融合发展。这一类融合模式是通过产业渗透的融合方式来实现两大产业融合的。旅游产业和文化产业采用特定的表现手法、制作手段以及虚拟现实技术，将文化元素渗透到传统旅游产品中，尤其是自然风景和人文古迹类景观，在创意的世界里打造真实的景点，在真实的景点里营造创意的世界，从而使原属于本产业边界内的产业价值链活动互相渗透到对方的产业领域内，形成你中有我、我中有你的产业融合状态。从内容产业的角度来看，这类融合模式实际上是在技术创新的推动下，通过两大产业的渠道融合和内容融合来推进两大产业融合的。旅游景点借助文化产业的传播渠道来传递旅游景点的真实样貌，文化产业以承载着自然或人文景观的地域空间为文化产业虚拟内容的展示载体。通过两者的相互交融，文化产业因为旅游景点内容的注入而增加其真实体验性，也可借助著名旅游景点的知名度而取得更好的市场效果；旅游景点则在借助文化产业的传播渠道而受到更广泛传播的同时，也可通过静态旅游景点产品的动态化，丰富旅游产品的内容。

例如，网络动漫业是文化产业的组成部分，随着网络的兴起而发展起来，它使用动漫的制作技术、表现手法及虚拟现实技术，将真实的旅游景点（包括人文古迹和自然风景）加以虚拟化和动漫化，促使旅游与文化的交互融合。旅游景点借助动漫业的传播方式获得更广泛的传播，动漫业则将真实的人文或自然景观作为动漫场景的现实载体。两者相互交融，取得了良好的效益。静态旅游产品的动态化和游戏化发展使得景点产品的内容更加丰富、对游客更具吸引力；真实旅游景点的介入使得游戏产品更具真实体验性，同时也可借助旅游景点的市场知名度提高游戏的吸引力和传播效应。例如，有一款游戏就是将一个旅游景点做成了一个网络游戏场景。在这一案例中，旅游景点既可借助游戏的传播渠道而得以广泛传播，也可以将游戏中虚拟的世界予以真实的再现，增加旅游景点的吸引力，游戏则会因为真实景点样貌的注入而增加了真实体验性和趣味性。

（2）旅游产业向文化产业渗透的融合模式

该模式是通过旅游产业向文化产业进行渗透，赋予文化产业以旅游功能，通过两大产业功能的互补来实现两者的融合。目前，我国许多地区都积极兴建文化产业园区，以求加快文化产业的发展。采用旅游产业向文化产业渗透的融合模式所形成的文化旅游产品，具有展示性和大众参与性的特点，通过旅游功能的导入，可吸引大量的游客，有利于前期人气的聚集和品牌效应的形成，能够有效地弥补文化产业短期盈利不足的缺陷，逐步实现核心产品的直接盈利，大幅提升其进入市场的速度和力度，突破文化产业园区发展的瓶颈。

上海 8 号桥创意产业园区就是旅游产业向文化产业渗透融合模式的典型例子。首先，该园区汇聚了建筑、家居、艺术、广告、软件、电影、出版、时装设计等新兴产业，吸引了众多中外创意设计机构，成为文化创意产业的生产基地。其次，园区除了有这些创意机构以外，还配备了餐厅、酒吧、咖啡厅等餐饮机构和美发、纤体、保健等时尚机构以供休闲消费。另外，园区还不断推出各种与游客互动的创意活动，如文化周、旅游节、时装文化节、顶级汽车推介会和超级模特大赛等。可以看出，“8 号桥”不仅是文化产品的生产基地，还是集美食、观光、旅游、学习、休闲、娱乐于一体的复合体，具备科技性、文化性、知识性、趣味性、参与性、纪念性、教育性、差异性和体验性等特点，形成了独特的旅游吸引力，满足了游客的多方面需求。

总之，文化产业和旅游产业的一体化、延伸型、重组型和渗透型这四种融合发展模式，各自具有自身的特点。从开发的角度看，产业延伸型融合模式最容易实现，面临的障碍较小，也不需要太多的资金支持，但需要政府的政策推动；渗透型融合模式是最难实现的，需要新技术的支持、管理模式的创新和大量的资金支持，也需要大量既懂旅游又懂文化的复合型人才；重组型融合模式则介于两者之间。在旅游产业与文化产业的融合发展中，各地区要综合考虑自身的旅游资源状况、产业特征和经济实力等因素，因地制宜地选择产业融合模式。

（二）根据融合主导力量划分

因文化、经济与政策环境不同，各地的文化产业和旅游产业融合过程中的主导因素也有差异，因此，需要选择不同的融合模式，具体内容如表 3-2-1 所示。

表 3-2-1　文化产业和旅游产业的融合模式

融合模式	融合动力要素	典型代表	融合特征
市场需求型	成本因素、消费市场、适宜环境因素	北京宋庄	专业化、市场灵活、根植性强
		北京 798 艺术区	
政府引导型	高新技术、适宜环境因素	上海新天地	系统运作较强
		成都音乐公园	
市场需求与政府引导协同型	成本因素、适宜环境因素	上海 8 号桥	联动性较强、合作与竞争突出
		成都宽窄巷子	

1．市场需求型融合模式

这种融合模式是一种自发型模式，主要依赖于市场对创新文化旅游产品或服务的需求，从而在特定区域内推动文化产业与旅游产业的融合发展。这种融合模式的形成受市场、创新及空间等阶段性因素的影响，并在市场需求的推动下不断发展。如各地自发形成的文化旅游创意集聚区，当创意性文化旅游产品和服务在文化旅游市场上的需求增大时，就会吸引文化研发人才和艺术人才将创业项目集聚于此。那些文化底蕴较深、租金低廉的城区内老厂房和老仓库是艺术人才偏爱的创业区域。在这样的特殊区域内形成的文化集聚区能生成一种自我提高的创新机制，并不断吸引更多的艺术人才来此聚集，从而引发文化产品和服务需求的扩大，最终形成具有创意特色的文化旅游产品和文化旅游服务消费市场。

2．政府引导型融合模式

文化产业与旅游产业融合的决策导向在一定程度上还要受到政府和企业决策的综合影响。政府引导型产业融合主要指自上而下的人为培育而成的产业融合，它通常是政府战略规划的结果。这种类型的融合通常强调以政府配置为资源配置的主要方式，由政府制定该产业的总体发展战略和规划，通过制定一系列产业政策，引导与鼓励融合性文化旅游产业优先、快速发展，文化旅游产业园区是典型的政府引导型融合模式。

文化旅游产业园区由政府进行整体规划和引导，借鉴经济开发区的成功模式，以区域文化旅游资源为载体，通过制度传导机制和产业政策优惠，吸引各种文化旅游要素在园区内聚集融合。政府可以通过招商引资、招才引智，吸引地区内外的文化旅游产品经营者和文化中介组织向园区集聚，逐步营造文化氛围，形成文化特色，打造文化品牌，使之成为文化旅游产业融合的孵化器和推进器。这类文化旅游产业融合模式是政府起主导作用的，所以在对文化旅游产业园区进行规划时，政府从区域经济发展、产业结构升级、产业战略规划等方面考虑，选择一个具有潜力的文化旅游空间，并结合所选空间区域的固有特色，打造一个适宜文化旅游消费的环境，以此来吸引各种文化旅游企业和文化旅游消费者。

3. 市场需求与政府引导协同型融合模式

在文化、旅游产业融合发展中，还有一部分融合是在市场需求、政府引导共同作用下形成的。这是一种多动力推动下，市场和制度机制共同作用、多指向的模式。目前，一些文化旅游产业园区和特色街区就是在各种力量的共同作用下形成的，这是文化旅游产业发展到一定阶段后，社会力量对文化旅游产业蕴含的较大创新空间和高产出效应的认识。市场需求与政府引导协同型模式是市场、政府、投资者等多种社会力量之间建立的合作共赢的局面。一般情况下，在这种融合模式中，产业发展投资者大多就是管理者，当文化和旅游产业融合形成的集聚区不断发展而形成网络和创新效应后，文化旅游区的发展又会促进新一轮的文化旅游产品市场需求，再一次得到政府更多的关注和政策倾斜。这种融合模式体现的是市场、政府、投资者与管理者之间的相互牵制和协同发展。

（三）根据融合中的资源导向划分

资源的拉动是形成区域文化产业和旅游产业融合的重要拉力。自然优势（包括自然资源优势和自然环境优势）是资源禀赋型产业融合的关键力量，也是文化产业和旅游产业融合的重要模式。资源型产业融合中对于资源的利用方式，不仅对产业融合本身的成长有较大影响，对区域文化旅游的可持续发展也有重大影响。

1. 依托原有资源自发形成的融合

依托原有资源自发形成的融合是文化企业或旅游企业基于一种文化选择的倾向，对地域的文化环境或自然环境具有一致的认同感，自发聚集于某地而形成的融合。

这种模式具备以下特点：第一，文化环境适宜，如宋庄内恬静秀美的环境、淳朴豪放的民风，吸引各类艺术工作者，为艺术人才创作活动营造了较好的文化意境；

第二，中介机构介入，宋庄能成为中国最大的原创艺术家集聚地，集聚了较高的人气，不仅凭借其丰富的艺术创作人员，同时还有一些策展人和国际机构的介入，使它成为艺术生产的一级市场；第三，融合成本低廉，如艺术家租用闲置工业厂房作为工作室，生活和创作成本比较适宜，对于许多艺术家来说非常具有吸引力。

2. 原有资源改造利用模式

原有资源改造利用模式是产业市场主体通过对原有资源（如历史文化街区等）进行规划设计和建设来改造利用，将其作为文化活动、休闲、娱乐、旅游场所而逐渐形成产业融合的模式。如成都宽窄巷子、上海田子坊等融合地具有此类特征。

3. 原有资源提升模式

该模式是指区域已经具备了发展文化产业的主要条件，通过在原有资源中加入一种新的要素或将原有资源拓展到旅游产业领域，提升原有资源的利用价值，打造新的产业链条，形成文化产业与旅游产业的融合效应。这种模式在文化创意产业聚集区建设中的应用相对较多。

4. 政府引导的全新规划融合模式

政府引导的全新规划融合模式指政府相关部门对某一块区域进行规划，对某一类型文化旅游产业进行重点发展，通过投资建设基础设施、公共服务平台，实行招商引资和特殊优惠政策，吸引行业内龙头企业入驻，最终形成文化旅游产业的融合集聚区域。如浙江横店影视城、云南楚雄彝人古镇，就属于政府引导的全新规划融合模式。

（四）根据比较优势划分

从系统论的研究视角来看，文化产业和旅游产业作为开放的产业系统，是由不同要素子系统相互协作而构成的有机整体，其内部不同要素子系统又包含产品、技术、市场、企业等众多复杂因素。不同子系统之间要素的比较优势构成了文化产业要素和旅游产业要素的比较优势，而两大产业要素的比较优势又包括资源优势、技术优势、市场优势、区位优势等众多方面。随着各生产要素在产业之间和产业内部流动的加快，各生产要素基于比较优势而寻求最佳组合，客观上则促使了融合现象的发生。

1. 依托成本优势的融合

资本是所有生产要素中最具活力和穿透力的因素之一。而在文化产业发展中，资本一直是其薄弱环节。从交易费用理论可知，产业融合的网络治理结构避免了企业规模扩张所带来的组织成本上升，降低了市场交易成本。文化产业和旅游产业领域空间一致、资源基础一致，有助于降低资源整合和营销的成本。文化产业和旅游产业在文化差异和创意空间的制约下，往往会选择地租价格相对低廉且环境相对独特的区域进行融合。

2．依托消费市场的融合

对市场较敏感的文化旅游产业，为了灵活开展文化旅游服务活动，更倾向于在具有客源地和目的地双重性质的空间内进行融合，以保证较大的消费市场规模。这种融合模式一般布局在城市中心区或热点旅游景区。

3．依托高新技术的融合

随着高新技术的不断发展，以及在新技术催生下文化新业态和旅游新业态的不断涌现，文化产业和旅游产业越来越展现出新的亮点。高新技术为文化产业和旅游产业融合提供新的方法和途径。随着技术的渗透，发展潜力巨大的新型文化旅游产业会率先在某个地方形成，在示范引领下，新技术就有可能在该地区文化旅游产业内运用和传播，人才和服务也会陆续向该地区集中融合。如北京数字娱乐产业示范基地等。

（五）根据融合价值链划分

依据产业融合理论和产业链理论，结合旅游产业和文化产业互动融合发展在具体实践运作中的成功经验，以旅游产业为中心，研究其价值链上各环节与文化产业的关联互动。旅游产业的价值链主要包括旅游资源—旅游产品—销售渠道—旅游者四个主要的价值创造活动环节。其中，开发旅游资源及生产旅游产品的活动实为旅游内容的制作环节；而通过一定的营销渠道，将旅游产品传达给旅游者的活动实为旅游内容的展示、传播或销售环节。因此，这里将旅游价值链进一步简化为旅游内容制作和旅游产品传播两大部分。在这两大部分的生产和传递环节中，旅游产业由于与文化产业融合，而产生了新的产品价值链和新的旅游营销手段，从而带动两大产业的优化提升、有机互动，最终实现文化产业与旅游业的“双赢”。

1．产业融合的文化旅游新产品模式

这种模式是指旅游产业主动与文化产业融合互动，使文化产业的文化内容突破原有的产业活动边界，通过技术创新将文化产业活动扩散到旅游产业具体活动环节，打破原有两大产业的内容边界而发生融合，进而开发出文化旅游产品，丰富了原有旅游产业的内涵，同时也为文化产业找到一个可以承载自身文化内容的载体。在两者互动关系模型中，旅游产业主动与文化产业互动所产生的旅游演艺、网游主题公园、动漫主题公园、特色旅游商品、会展旅游等，都是两者在文化旅游内容制作环节融合所产生的文化旅游产品、文化旅游新景点，它们既丰富了旅游产品的内容，改造和提升了传统的旅游产品，并带给旅游者更多的文化旅游体验；也进一步完善和延伸了文化产业链，拓宽了文化产业的发展空间。

2. 产业链延伸的文化产业景点化模式

这种模式指文化产业通过产业链延伸的方式，主动扩展其旅游功能，实现与旅游业的互动，进而产生其外延性产品——文化产业景区。文化产业园区往往是集文化产业产、学、研于一体的产业集聚区，作为文化产业的地域载体，其功能主要表现为相关产品的研发、制作、交易等。事实上，作为原创型的文化产业基地，文化产业园区也是许多相应文化产业爱好者心目中的旅游地。以动漫产业园为例，旅游者到这里可以观摩动漫产品的生产过程，现场体验最新的动漫产品，找到最新、做工最精细的原版动漫产品。因此，这类文化产业园区在地域空间上和景点实质上可以融合重叠。在文化产业与旅游产业互动模型中，文化产业的产业链向旅游产业延伸所产生的影视基地旅游、动漫产业园景点化、创意设计园区景点化、演艺娱乐场所景点化、会展地景点化、文博旅游等，都属于文化产业链延伸至旅游方向所形成的文化产业景点化模式。这种模式下的产业融合既扩展了旅游产品的外延，增添了新的旅游产品，又赋予原有文化产业新的附加功能和更强的竞争力。

3. 产业联动的新型旅游营销模式

在文化产业中富有传播性、宣传性和展示性的娱乐行业和媒体行业改变了旅游产品的传统营销模式。旅游产业在其传播营销环节主动与文化产业的相关行业发生联动，将文化产业纳入其价值链的形成过程中，与原有的旅游营销渠道发生整合或创新，形成新型的旅游营销传播渠道，获得更大的综合效应。两者互动产生的旅游电子商务模式、影视作品营销模式、新闻出版营销模式、音像图书营销模式、演艺营销模式、会展营销模式等，都是旅游产业在其营销传播环节与文化产业联动所形成的新型旅游营销模式。这种模式不仅为旅游营销提供了多样化的媒介和渠道，还极大地丰富和拓展了文化产业的开发内容。

四、文化产业和旅游产业融合的发展模式

不同产业要素之间的自由组合形成了不同的文化产业与旅游产业融合路径，从而促成文化产业与旅游产业融合具有不同的发展模式。文化产业与旅游产业融

合的结果主要包括四种：第一，新型业态不断涌现，如工业遗产旅游、会展旅游、医疗旅游、教育旅游等；第二，新型产业功能逐渐显现，如旅游景区兼具影视文化基地的功能；第三，新型企业组织结构不断演进，如旅行社集会议组织、咨询、管理、展览策划于一身；第四，新型产业集群逐步出现，如养生旅游集群等。但需要说明的是每一种融合结果并不单单基于一种优势产业要素，也可能是多种优势产业要素的共同组合。通过归纳总结，本书认为文化产业和旅游产业融合的发展模式主要有以下四种。

（一）产业递进发展模式

在文化产业和旅游产业各要素组合过程中，产业基础条件发挥了主导优势地位，从而产生了文化产业与旅游产业融合的产业递进发展模式。回顾世界经济的发展历史，人类的经济活动是沿着农业到工业，工业到服务业，再到现在被称为“第四产业”的知识信息产业这样的轨迹演变发展的。三次产业的概念始于20世纪30年代由英国经济学家费希尔首次提出的，他在《安全与进步的冲突》一书中将人类的全部经济活动划分为第一、二、三产业，之后随着生产力的发展、生产水平的提高以及社会需求的变化，产业的演进呈现出由“一、二、三”向“三、二、一”转变的趋势。目前三大产业的劳动力和产值的比重结构成为衡量国家经济结构合理与否的重要指标。许多发展中国家大力发展现代服务业，不断提高第三产业对国民经济的贡献率，并通过技术进步、产业变革等手段不断降低第一、二产业在国民经济中的比重，促进产业结构的合理化和高度化发展。然而传统的第一、二产业在产业转型的发展过程中，总会碰到许多历史性和内在性的障碍，使传统产业改造升级的步伐滞后。

文化产业和旅游产业融合则为传统的农业、工业实现升级改造提供了全新的发展模式。农业、工业等传统产业经过文化提取与旅游产业融合发展，可以产生协调和整合的作用，促进产业优化升级。此外，旅游产业对传统文化产业的升级发展也具有极大的推动作用。通过文化产业与旅游产业的联合，传统文化产业可以实现跨越式发展，如电影电视、新媒体、演艺等，通过与旅游业融合发展产生众多新型旅游业态，带动了影视、传媒、文博等产业的全面发展，使之向更成熟、更完善的产业方向发展。

（二）景区带动发展模式

旅游景区由于具有资源优势和区位优势，往往能汇聚各种产业要素，如酒店、餐饮、地产、金融、交通设施等，带动周边地区的发展，成为区域经济发展的一个增长中心。一个旅游景区（景点）与周边若干地区、基地组合的融合发展模式，将极大地促进文化产业和旅游产业的区域整合和系统发展，尤其对于广大的乡村地区更具有重要意义。目前我国乡村旅游蓬勃发展，市场需求不断扩大，乡村旅游已成为居民旅游消费的重要领域。但我国乡村地区整体旅游业发展水平较低，现有的一些设施的状况根本不符合旅游业全面开发建设的要求。然而，通过合理利用乡村文化和旅游产业融合的景区带动发展模式，可以推动区域内较为成熟的旅游景区（旅游景点）与若干周边乡村和基地实现最佳组合，强化旅游景区景点的辐射带动能力，促进乡村旅游产业的快速发展，推动乡村、农业的系统升级与整合。

（三）企业主导发展模式

我国将文化产业和旅游产业都定位为国民经济的战略性的支柱产业，并倡导“市场主导、企业主体、产品主打、品牌主旨”的发展策略，重点突出企业在文化产业化和旅游产业化进程中的重要作用。文化企业和旅游企业作为经济活动的市场主体，具有较完善的体制机制、较丰富的管理经验、较先进的科学技术、较成熟的人才队伍等优势要素，而且能够快速应对市场多元化需求的变化，并将潜在的市场需求转化为现实的生产力。在我国文化产业和旅游产业融合的发展过程中，要特别注重发挥文化企业和旅游企业的主体作用，尤其在文化产业和旅游产业要素相对匮乏的地区，积极发展“公司＋乡村”模式、“公司＋园区”模式，促进文化企业和旅游企业技术、市场、制度等优势要素与地区的资源、产品优势要素的组合，使地区能够从产业融合中获得更大的经济效益。

（四）产业园区发展模式

在文化产业和旅游产业的发展过程中，各种产业园区如艺术园区、创意产业园区、文化产业园区等逐渐被市场接受和认可，成为新型的旅游吸引物。产业园区是文化产业和旅游产业融合“园区模式”的生动体现。文化旅游产业园在推动文化产业和旅游产业融合过程也起到了非常好的平台作用。文化产业园区形成的基本前提是文化生产与消费活动的呈现。文化产业园区是文化旅游产业融合发展的主要载体。因此，园区中的同类企业在生产同类产品或相关产品的基础上，共同分享同一市场，采用大致相近的销售方式、渠道，相互借鉴科技理念与技术支持，共享文化资源与人才资源，实现多元产业间的融合发展新态势。

文化旅游产业园区能够制定更加科学的规划、提供更加优惠的产业政策以吸引多种文化旅游服务要素的集合，通过空间集聚对文化旅游产业链的延伸起到了非常重要的推动作用。在文化旅游产业园区内有良好的产业融合环境，拥有强有力的政策支持、制度保证和积极有效的协调机制，同时还拥有丰富的艺术创作资源和良好的文化发展氛围，并且能够很好地发挥集聚融合效应，积极培育文化旅游企业群体，打造并延伸文化旅游产业链。产业园区既是独立的旅游景点或旅游吸引物，又以其突出的区位因素及政策扶持等优势条件而汇集众多其他相关产业要素进行集中展示，它是资源、产品、形态、功能的多元化结合。

第三节　旅游与文化产业融合发展的产业链

文化产业与旅游产业融合发展的核心是要构建文化旅游产业链。它通过强化分工与协作，将产业上、中、下游汇为一体，形成完整的产业链条，以此促进整个产业系统的发展并取得最大化的经济效益。从产业链角度看文化产业与旅游产业的融合，其本质上就是要选择和确立好区域文化产业和旅游产业的主导和前导行业，完善这些行业的行业链条，建立行业之间发展的协同融合机制，提升在文化产业和旅游产业价值链的地位，优化文化产业和旅游产业的空间链条结构，最终通过形成合理的文化旅游产业链来促进文化旅游产业的可持续发展。

一、产业链理论

英国经济学家阿尔弗雷德·马歇尔在《经济学原理》一书中指出，产业链理论是一种介于微观和宏观之间的理论。该理论既研究企业与企业之间的关系，也研究行业与行业之间的关系。企业或者行业因为供需等技术经济因素组成链条，在市场交易的过程中必然会涉及价值生产和分配，从而形成价值链。如果在研究这种链条时涉及地区分布，那么就形成空间链。本书所指的产业链包含企业链、供需链、价值链和空间链四个维度。

（一）产业链的概念

在国外的研究中，没有产业链这个提法。但国外研究中的产业组织理论、跨组织关系和群聚现象、产业价值链等问题，与我们所说的产业链内涵比较接近。产业链是与价值链密切相关的一个概念，也有学者认为两者是同等的。学术界至今对产业链的概念还没有达成一个统一的认识。目前的产业链研究文献中，对产业链概念的认识主要有以下几种代表性观点。

第一，产业链是以较强竞争力的企业为核心，相关企业结成的战略联盟。这种观点从战略联盟的角度论证了产业链，提出产业链是指在一定的产业集聚区内，由在某个产业中具有较强国际竞争力（或国际竞争潜力）的企业，与其相关产业中的企业结成的一种战略联盟关系链；或是在一定地域范围内，同一产业部门或不同产业部门某一行业中具有竞争力的企业及相关企业，以产品为纽带按照一定的逻辑关系和时空关系，连接成的具有价值增值功能的链网式企业战略联盟。

第二，产业链是企业间前后向的关联。这种观点认为，产业依据前、后向的关联关系组成的一种网络结构称为产业链。产业链的实质就是产业关联，而产业关联的实质就是各产业相互之间的供给与需求、投入与产出的关系。有学者认为经济活动中的各产业依据前、后向的关联关系组成了产业链。还有学者认为在一个产业环境中，各种产业之间相互关联、相互区别、相互依赖，一种产业的存在成为另一种产业发展的前提或结果，每一种产业只是产业系统中的一个环节或一个片段，各个环节或片段连成一体就形成了产业链。

第三，完整的产业链是从自然资源到消费品的整个过程中涉及所有产业的关系。这种观点认为，产业链是指从自然资源到消费品之间的产业层次，即一种或几种资源通过若干产业层次不断向下游产业转移直至到达消费者的路径。①

关于产业链概念的描述众多，本书认为产业链是指在最终产品加工过程中，从最初原材料或矿产资源开发至消费者获得最终产品所经历的所有环节组成的纵向链条。由于产业链中各个环节的产业相对比较独立，所以产业链是由多个产业相互链接而构成的完整链条。承担创造各自不同价值职能的产业，通过资源和价值从上游向下游的不断转移，与相关产业联系在一起。产业链中存在着众多上、下游产业之间价值和关系的交换，主要表现为上游产业输送产品或服务至下游产业，下游产业则向上游产业反馈信息等。因此，产业链不仅是产品链，同时还是信息链和功能链的结合体。

综上，产业链的概念可以从四个方面理解：第一，产业链内众多企业围绕某一核心企业或产品，进行专业化分工和部门间的垂直协作，形成了前后关联的一体化链条；第二，产业链中的企业从上游到中游再到下游是一个不断增值的过程，上游企业生产的产品就是下游企业的投入，直到最终客户买走产品，才算实现了

① 芮明杰．论产业链整合[M]．上海：复旦大学出版社，2006．

产业链的价值；第三，从原材料供应到最终生产出产品，整个过程都是以满足客户需求为目标来组织生产的，如果生产出的是客户不需要的产品，产业链的价值就无法实现；第四，产业链越长，说明可加工的深度越深，因此可以通过延长产业链的方法，使产品得以深度开发，提升其附加值。

（二）产业链的类型

在现实经济生活中，由于产品特性及生产技术差异等，不同的最终产品也会呈现出各种不同形态的产业链。从整体上看，产业链分为接通产业链和延伸产业链。

1. 接通产业链

接通产业链是指将一定地域空间范围内断续的产业部门（通常是产业链的断环和孤环形式）借助某种产业合作形式串联起来。

2. 延伸产业链

延伸产业链是将一条已存在的产业链尽可能地向上下游拓展延伸。产业链向上游延伸进入基础产业环节和技术研发环节，向下游拓展则进入市场拓展环节。

（三）产业链的打造

打造产业链核心在于全面覆盖产业链的各个环节，即考虑是按相关业务延伸，还是同行业之间横向伸展或是向上、下游纵向伸展。分析产业链伸展对象的行业和业务情况是选择范围和方向的首要工作，随后还要对目标行业和业务之间的相关性进行分析。当然，原行业或业务必须具有扩张能力，这是打造产业链的基本前提。

产业链的打造主要包括纵向延伸和横向拓展两种形式。纵向延伸即产业链进行纵向扩张，主要包括纵向一体化和纵向控制两类。纵向一体化也就是垂直一体化，指企业将生产与供应原材料或生产与销售产品相结合的形式，是企业将其经营业务向原材料供应或销售终端方向拓展的一种发展战略。而纵向控制主要指核心企业对上游供应商或下游销售商进行限制约束的行为。当产业链中的核心企业通过实行兼并、重组等途径进行横向拓宽其经营规模或建立若干子链时，若其子链拓展到某个程度就会形成相互交织的链网，产业链也随之扩展成产业集群，进而会产生更大规模的产业集群效应。

具体而言，产业链的打造主要有四层含义：一是构建产业链，即目前尚未存在此产业链，但由于某一企业成功研制了具有价值的新产品，因此要为该产品构建全新的产业链；二是重构产业链，即目前产业链已经存在，但其中一些环节设置不合理，影响和制约产业链整体效益的提高，所以需要对产业链的战略环节进行重新确定，并适当进行添加或删减，使其成为功能更加全面和强大的产业链；三是修补完善现有产业链的薄弱和不合理环节，接通产业链的孤环和断环等，使产业链能正常发挥其效用；四是拓宽和延长产业链，主要是将产业链中的节点进行横向拓宽，相关环节尽可能向上、下游延伸。

在打造产业链的过程中有三个问题要特别注意：一是为防止产业链过短而无法正常发挥协同效应，我们要适时适当地延长产业链，但同时为避免因强度不够而发生断裂，产业链也不能过长；二是要尽可能推动产业链在一定地域内形成产业集群，充分发挥其集群效应；三是要尽可能占据产业链中附加价值较高的高端环节，这样才能充分实现其经济效益，但是在自身还不具备这种能力的时候，也只要注重产业链中的低端环节。

二、文化旅游产业链的概述

文化产业和旅游产业融合形成的文化旅游产业具有综合性的特点，由于为其提供直接或间接服务的相关产业部门较多，任何一个相关产业部门的不足和缺失都会影响文化旅游产业的健康发展。但各个地区受自身条件和经济规律的限制，文化旅游涉及的产业部门不可能齐头并进地发展。因此，正确认识文化旅游产业链中各相关产业部门的关系，提高产业集中度和资源配置效率，使资源配置合理、协调、平衡、可持续，是促进我国文化旅游快速、健康、稳定发展的基础和关键。

（一）文化旅游产业链的概念

文化产业和旅游产业融合形成的文化旅游产业具有文化产业和旅游产业的双重属性，且文化产业和旅游产业原有的产业链条关联会带到融合后的文化旅游产业链中来。更重要的是，目前形成的文化旅游产业，相较于过去来说，是新型的产业系统，因此会形成新的产业链。所以，文化旅游产业链是个复杂的概念。

文化旅游活动是文化旅游产业链得以形成的核心，产业链上的每一个节点之间都具有关联性，每个节点的行为都会影响链条上其他企业的决策。因此，文化旅游产业链是指在集中了文化产业、旅游产业以及其相关产业的一定区域内，文化产业和旅游产业在追求各自利益最大化的过程中，将关联度高、支持性强的企业纳入文化旅游活动中来，彼此之间逐步形成的一种相互依托、你中有我的融合关系。

本书侧重于文化产业和旅游产业融合形成的文化旅游产业链研究，故文化旅游产业链主要是基于各个地区客观存在的区域差异，着眼发挥区域文化旅游比较优势，借助区域市场来协调专业化分工和多维性需求，将产业融合作为实现其形式和内容的合作载体。

（二）文化旅游产业链的构成要素

文化旅游产业链的构成要素主要是产业链上的节点，主要包括文化旅游企业主体、中介机构（旅行社、金融机构、保险公司、运输机构、信息中心和培训中心等）、研发机构（大学、规划院、咨询中心等）、规制机构、消费者等。

1. 文化旅游企业主体

企业是文化旅游产业链中的节点主体。文化旅游企业主体区别于一般意义上的产业链企业主体。一般意义上的产业链企业主体包括供应商、成品商、经销商等，其中供应商为成品商提供原料、半成品或服务，并不直接面对消费者；成品商则直接面对消费者，提供最终产品。由于文化旅游产业开发利用的主要是无形的文化旅游资源，而资源是一个地区在长期的历史发展中形成、沉积和传承下来的，因而文化旅游产业链的企业主体包括以文化企业为主体融合旅游企业而形成的企业主体，或者是以旅游企业为主体融合文化企业而形成的企业主体，或者是充分将文化旅游资源进行创意开发而形成的新型文化旅游企业主体。同一条产业链上的企业之间存在合作或融合的关系、互补关系、协作关系以及竞争关系等。

2. 中介机构

中介机构是产业链中为企业及个人提供各类协调、咨询、推介、营销等服务的机构和组织。中介机构不直接参与针对文化旅游消费者体验需求的服务活动，处于产业链的“侧链”地位，为企业发展提供外部支持系统，保证产业链正常运转。

3. 研发机构

对于文化产业与旅游产业的融合，创意是催化剂，技术是黏合剂。而创意和技术主要来自研发机构。研发机构也叫知识生产机构，是为产业链各生产环节提供技术、智力支持的机构。研发机构虽不直接参与企业服务提供环节，但其创意水平和技术效率决定了文化旅游产业的生命力和竞争力，是产业链上的一个重要节点。

4. 规制机构

规制机构主要包括政府机构或行业协会等，它们主要对产业链经营机构进行管理、监督和服务。政府机构在产业链中的作用主要体现在政策引导、环境建设、文化保护、形象维护和提升、服务组织与招商引资等方面。其核心一方面是保护区域历史文化旅游资源；另一方面是把握区域文化旅游发展方向，促进文化产业和旅游产业的科学融合，提高区域文化旅游产业的运行效率。

5．消费者

文化旅游消费者处于产业链的最后一环，通过购买产品或服务拉动产业链的运行，并向上游环节反馈消费评价和需求信息，使上游环节及时制定、调整产品经营方向、生产服务决策和方式等，是产业链价值实现的关键环节。

（三）文化旅游产业链的维度

按照产业链主体的服务、交易和价值增值等过程来分解，产业链可为服务子系统、供求子系统、技术子系统、资金流转子系统、价值增值子系统等若干子系统。由于这些子系统内含于产业链系统中，相对产业链这些子系统又构成了若干子链，一般把这些子链称为产业链的“内含链”。每一条“内含链”都对应着产业链的一个业务流，所以，产业链有多少业务流就有多少条“内含链”。融合后的文化旅游产业系统具有复杂交错的产业链，从而也具有复杂的产业关联，主体之间有多种联系方式。根据文化旅游产业链内含的主要因素来划分，其主要有四种呈点线对应关系的产业链。

1．供需链

它是一种表示文化旅游资源的设计服务环节和产业层次的客观存在。文化旅游产业的供需链是文化旅游产业链研究的基础，它关注的重点是产业链上的节点和各节点之间的关系，它包括需求链、供应链。需求链不仅指通常所说的文化旅游消费者需求，还指文化旅游服务主体的需求链；供应链是指生产要素（包括文化旅游资源）和文化旅游产品的供应链。

2．企业链

它是指同一个产业链中不同环节所有企业的“线”型链条，它可分为企业和企业、企业和消费者、企业和政府以及三者之间的链条。

3．空间链

文化旅游活动都是在一定的空间范围内完成的，空间链就是指文化旅游产业链条在区域内分布规模的大小和空间内链条之间的网状交互程度。如果文化旅游产业链在空间上具有集中的特点，就会形成文化旅游产业的集聚和集群。

4. 价值链

它是指不同的文化旅游活动单元通过融合来共同创造价值。价值链通过创意设计、科学策划、规划建设、服务提供、中介组织和文化旅游消费者及其内部经营链条之间的影响和依存关系，阐述了文化产业和旅游产业融合后的产业链价值增值过程。

（四）文化旅游产业链的特点

目前对产业链的研究主要集中在制造业，而作为服务业的文化旅游产业，在产品特征和生产方式等方面与制造业都存在着较大差异，因此两者的产业链结构也必然存在差异。本书认为文化旅游的产业链与制造业的产业链有诸多不同，并表现出如下特点。

1. 文化旅游产业链是从分到总发展起来的

制造业产业链首先要有一个主产业，然后逐步形成上下游的配套体系，最终形成明显的链条形式。而文化产业和旅游产业一开始是分别发展的，经历一定的发展阶段后，随着市场需求的变化，文化产业和旅游产业之间的关联越来越紧密、越来越复杂，逐渐形成一个多边关联、相互融合协同的产业群落体系。文化旅游产业链也随之从分到总发展起来。

2. 文化旅游产业链上的企业以横向关联为主

制造业产业链上游环节的产品是下游环节生产的原材料，生产要素在产业间流动，这些企业由于生产的需要联系在一起形成纵向产业链。文化旅游产品多数具有非实物性特点，提供给消费者的是借助于旅游服务设施的文化体验产品。一场文化旅游活动的顺利完成往往需要多个产业部门共同配合，因此形成了横向产业链。

3. 消费者是文化旅游产业链的中心

在制造业中，生产要素沿产业链单向流动，消费者处于产业链最末端，被动接受相对固化的产品。文化旅游产业链属于产业链类型中的核心型产业链，是围绕着共同的文化旅游消费者这一终端而形成的。文化旅游产品主要提供的是服务，具有无形性，不能独立存在，也不能储藏，只有当消费者在场时生产才能进行。在文化旅游产业链上，所有企业的生产活动都是围绕满足文化旅游者的不同需要展开的。因此，消费者成为文化旅游产业链的中心。

三、文化旅游产业链的价值实现逻辑

根据文化产业与旅游产业融合的价值创造机制，文化旅游产业链的价值实现逻辑如下。

（一）价值主张

对顾客价值进行定位和分析是文化产业和旅游产业融合发展中的一项首要工作。因为无论企业采用什么样的方式和途径，融合都是围绕顾客的价值主张来进行的。一方面，文化企业或旅游企业必须对顾客的需求和偏好有比较深刻的认识，并在此基础上对目标顾客的需求进行重新定义，选择新的细分市场，提出新的价值主张，这样才能使融合形成的新型文化旅游企业更好地吸引顾客。一般来说，重新定位价值主张有三种方式：一是只向原有的顾客提供新的价值主张，二是向新的顾客提供新的价值主张，三是同时向原有的和新的顾客提出比原来更有竞争力的价值主张。另一方面，确定新的价值主张定位，就有可能创造出满足新的价值主张的产品和服务，这也是融合中最基本和最常见的途径。文化旅游产品和服务是价值主张的最终载体，它可以是革命性的创新产品或服务（如云南楚雄的彝人古镇），也可以是小幅度式创新的产品和服务，关键是这些产品和服务能否与价值主张相契合，是否能够最大限度地满足顾客需求。

（二）价值获取

首先，文化产业和旅游产业在进行融合的过程中，应该突破原有的思维，跳出固化产业格局和定向单一思维，重新塑造产业形态和边界。这可以借鉴“蓝海战略”中对挑战产业现有战略逻辑和商业模式至关重要的四步动作框架，即通过四个问题去思考产业的重构：一是哪些被产业内认定为理所当然的元素需要被剔除，二是哪些元素的含量应该被减少到产业标准之下，三是哪些元素的含量应该被增加到产业标准之上，四是哪些产业从未有过的元素需要被创造。通过这四个问题，企业可以跳出原有的局限，系统有序地探索跨越原有产业的可能性。

其次，在重新塑造的产业边界内有效地整合一切资源。一方面，文化产业或旅游产业可以把对方的新资源纳入自身的商业模式之中，并成为融合中的重要因素；另一方面，可以创造性地利用现有的资源（借鉴对方产业的资源利用方式），把原有资源的潜力最大限度地发挥出来，并使之得到最高效的利用。

最后，融合形成的文化旅游企业应该在新的产业边界内利用整合的资源，根据消费者的文化旅游活动规律，重新设计服务流程。由于文化旅游企业的服务流程是一系列创造价值的相互关联的活动，因此，企业应该审视整个流程，可以通过专注于某些价值活动而将其余服务活动剔除或转移，也可以对价值流程进行创造性的重组。

（三）价值实现

利益是产业链的固化剂和润滑剂，如果没有利益驱动，就很难建立牢固、流畅的产业链。产业链实际上是一种利益同盟，只有让产业链终端的旅游者受益，才能形成产业链的利益。因此产业链条中的节点是基于共同利益目标以实现共赢的。文化产业和旅游产业在融合中要考虑如何对创造出来的价值进行回收，即如何设计融合形成的文化旅游企业获取收益的方式。这是融合中另一个重要的环节，涉及产品和服务的定价、收入的来源、收入的渠道等因素。因此，文化旅游企业应该设计一种行之有效的盈利机制，尽可能地扩大收入、获取利润。在设计盈利机制时，必须构建有效的区隔机制和体系。这样做是为了抵御诸如破坏者和模仿者等外部势力，防止他们对文化旅游企业的价值创造活动造成损害。通过这样的机制设计和制度安排，企业能够更好地保护自己的核心资源和竞争优势，确保自身长期稳定的发展。

在构建区隔机制时，企业要着重考虑以下几个方面：第一，品牌建设。建立独特的品牌形象，通过提供优质的产品和服务来提高消费者对企业的认知度和忠诚度。这有助于将企业与其他竞争者区分开来，增强企业的市场地位。第二，知识产权保护。通过申请专利、注册商标等方式，保护企业的创意和独特性。这可以防止被其他企业模仿或抄袭，确保企业在市场竞争中的领先地位。第三，建立壁垒。通过建立技术壁垒、渠道壁垒、资源壁垒等方式，提高其他企业进入市场的门槛。这样可以有效防止破坏者和模仿者对企业造成损害，保证企业的市场份额和盈利能力。第四，客户关系管理。建立完善的客户关系管理系统，了解客户需求，提供个性化的服务。这有助于增强客户对企业的依赖性，提高客户的满意度和忠诚度。第五，合作伙伴关系。与优秀的合作伙伴建立稳定的合作关系，通过资源共享和优势互补，提升企业的整体竞争力。这有助于降低企业面临的风险，提高企业的抗风险能力。

（四）价值网络

从某种程度上说，融合也是利益相关者交易结构的重组。文化旅游产业的融合创新涉及利益相关者关系的调整和变革。因此，文化产业和旅游产业融合过程中需要思考如何构建高效的价值网络。文化旅游企业可以通过设计各种运营服务机制将自身与利益相关者有机联系起来，形成协作型的网络关系。增强价值网络间的协作关系要求文化旅游企业必须做到：第一，清楚界定与利益相关者是竞争、互补关系，还是联盟关系，这关系到融合的实现和效果；第二，依据自身的能力在价值网络中寻找最佳的位置，以求在价值网络中建构有利于创造竞争优势与实现利益的竞合关系。

四、文化旅游产业链的结构

文化旅游产业链由融合所形成的文化旅游产品在最终交至消费者体验前的所有环节所组成。按照产品的形成和消费过程，文化旅游产业链同其他产业链相类似，也可以细分为上游、中游、下游等相关环节和产业，具体包括内容产业、策划设计产业和营销服务产业等，主要经历创意、设计、融合及营销服务等阶段，是一条延伸性很强、拓展空间很大、能够随创意而不断衍生和扩展的产业链。

（一）文化旅游产业链上、中、下游的含义

1．上游——内容产业

本书的文化旅游内容产业是以体验为实质性内容的。它借助创意手段和技术支持，对文化旅游资源进行挖掘和再创新、对社会现实进行提炼和创新升华、对文化旅游体验进行想象，形成了文化旅游产业的丰富内容素材。按照这种解释，其实单独的文化产业、旅游产业和文化旅游资源等，在融合之前，都属于文化旅游产业的内容产业。内容产业是文化旅游产业的上游，是最基础的产业，是文化旅游产业链的“原材料、动力源”。没有内容产业的发展，文化旅游产业就会成为无源之水、无本之木。内容产业居于文化旅游产业价值链微笑曲线的最顶端位置，是附加值很高的部分。

2．中游——策划融合产业

策划融合产业是文化旅游产业链的中游。它要将上游内容产业已经设计出来的故事、方案等，按照各种技术要求和文化旅游市场上消费者需要产品的形式和体验方式，策划融合出相应的文化旅游产品。它包括创意融合产业和制作产业。其中，创意融合产业附加值较高，制作产业附加值较低。其产业活动具体主要包括影视基地设计、主题公园设计、景区景点设计、文化旅游媒体制作、旅游商品设计、旅游演艺编导等传统策划融合产业，还包括网络制作、动漫制作、游戏制

作、广告设计制作、文化旅游场所设计等现代策划融合产业。策划融合产业的活动需要内容产业的支撑，没有内容就无法进行下一步的设计制作。

3. 下游——营销服务产业

文化旅游产业融合过程是一个设计制作文化旅游产品以满足文化旅游消费者需要的过程，最终环节是要将该产业的成果营销出去，为社会大众所消费。因此，文化旅游产业链的下游是文化旅游营销服务产业。文化旅游产品的营销服务产业是指以各种媒体和流通渠道为依托，吸引消费者前来消费文化旅游产品，以满足人们视、听、感、触觉及想象、思维、认知、情感等精神体验需要的一个服务产业。

这一产业的活动蕴含着极高的文化价值和品牌价值。文化含量越高、文化体验程度越深、服务越具有品牌，就越能获得相对更高的附加值。如品牌主题公园是一种品牌服务，品牌旅游演艺也是一种品牌服务。

另外，在文化旅游产业链的末端和旁侧，文化旅游产业会表现出很强的衍生性。如迪士尼品牌的形成和发展，它从动画创意到娱乐动画片，再到主题公园，最后衍生出一系列迪士尼品牌产品，这一过程就充分展现了文化旅游产业链的衍生性和延伸性。

（二）文化旅游产业上、中、下游的联系

文化旅游产业链的结构可简单概括分解为：内容产业—策划融合产业—营销服务产业—衍生产业。各环节之间都存在一定的联系，且所有环节都能增值、带来利润。

原创性的融合是文化旅游产业的主要增值部分，因此，内容产业对文化旅游产业的发展起到了至关重要的推动作用。有了好的创意和技术支持，并得以及时地开发利用，才能促进产业融合。创意的产生源自创意人才的创造活动，是一个较为复杂的精神生产过程。创意的开发是把创意转化为创意产品的过程，它通过有效的组织运作，整合文化产业和旅游产业中的关联资源，从而融合为更加复杂的文化旅游产品。由此可见，内容产业是文化旅游产业的核心，是构成企业核心竞争力的重要部分。

除了内容产业之外，策划融合也是为文化旅游产业带来增值的一个重要环节。通过创意的引领将文化产业和旅游产业巧妙地融为一体，依靠创新的设计和专业的制作将创意转化为现实文化旅游产品。因此，策划融合也是实现盈利的中间纽带环节，其作用不言而喻。

文化旅游产品具有异地性和生产消费的统一性特点，因此，文化旅游产品实

现增值还必须借助适当的有效的营销手段。所以，营销在文化旅游产业链中的作用举足轻重。成功的产品及服务营销需要系统研究消费者的需求和偏好，制定可行的市场分析，精心设计具有市场竞争力和吸引力的产品定位，用经济和传媒运作的方式吸引消费者前来体验。

当然，文化旅游产业链的延伸会使产业衍生出新的产品市场，如部分主题公园会衍生出玩具、文具、儿童用品等衍生商品。同时，产业链的延伸还带动了休闲体验等其他产业的发展。

产业链上游的技术创新和研发、下游的销售与售后，由于其附加值高而处于微笑曲线的两端，而中下游的制造加工环节则处于曲线的底部。当然，各个环节虽然附加值不同，但都是紧密联系的。在文化旅游产业中，创意和市场是重要的两头，同时，设计、服务是最基本的环节，只有各个不同领域相互依靠和支持，才能形成优势互补、资源共享。一些文化企业缺乏核心竞争力，不能形成规模化经营。究其原因，关键在于有些企业可以研发，但技术成果不能转化为产品和销售；有些企业可以销售，但又不能研发，从而受制于人。反观某知名企业，它就是在文化旅游产业内建立起一条有效的产业链，把自己的创意研发成产品，然后先不做销售推广，而是直接在自己的主题公园里运营，通过这种方式就能做出有效的广告，同时结合一些必要的市场营销手段，对其产品进行销售，这样就更好地整合了企业的资源和更好地利用了企业现有的市场平台，更有利于企业的发展。这条产业链让该企业首创了一个文化多元化市场平台。该平台将动漫、电影、游戏、衍生品、网络、主题公园等多个原本相互独立的元素整合在一起，形成了优势互补的整体。该企业还从市场角度将文化、旅游、科技三大产业整合为一体，形成了以文化为核心、以旅游为市场、以科技为支撑的文化科技产业发展的“三驾马车”，逐步形成了以自有品牌、自主知识产权为核心，以动漫、电影、游戏、主题公园为产品，以旅游、电视、网络、休闲娱乐等为多元化市场格局的具有国际竞争力的商业运营模式。就这样，该企业从整个产业链出发，把“创、研、产、销”四个环节紧密地联系在一起，较好地解决了文化科技产业创新与创意、开发与研究、规模化生产以及市场营销等一系列的问题，同时长期困扰文化旅游产业发展的创意、规模、资金等问题也得到了很好的解决。它通过这样一种模式，使企业内部的资源得到共享从而实现成本下降，提升了自身的竞争力，在世界范围内树立起了自主创新的品牌，从而得到了更好的发展。

第四章　旅游与文化产业的创新融合发展策略

只有将研究成果转化为实践，才能促进旅游产业和文化产业的有机融合，实现经济和社会效益的显著增长。通过研究文化产业和旅游产业融合的驱动力和模式，考虑关键因素和现实情况，本书对文化产业与旅游产业的融合与发展方面提出如下具体建议。

第一节　顶层制度设计与市场主体地位层面

一、建立和完善促进融合的顶层制度设计

为了使文化产业与旅游产业实现融合发展，除了需要两者各自的发展外，还需要获得政府的积极支持。可以从文化创新、旅游经营和政府引导三个方面的系数来衡量文化产业与旅游产业融合的相关程度。这三个方面的系数变化通常呈现周期性的上下波动，即高峰和低谷的交替。文化创新系数和旅游经营系数的波动相对平稳。而政府引导系数的波动则不太稳定，每一次高峰和低谷所达到的数值相差巨大，规律性特征较为不明显。政府对于文化和旅游产业的整合对产业发展至关重要。产业融合的根本保障在于制定和完善顶层产业融合制度。为了符合融合发展的趋势和建立统一市场体系的要求，我们需要把传统文化管理体制和旅游管理体制由以行业为单位的“分级管理”转换成以综合性的大部门为导向的管理模式。

（一）建立文化产业和旅游产业融合机制

长期以来，文化和旅游产业都是在各自的制度框架下发展的，这些框架包括规范、法律和政策等。这也造成了一些行政机构的垄断和部门之间的隔阂，导致了高度集中的产业壁垒。这不仅增加了让两个产业融合渗透的难度，还使得融合的边际成本变高。在实现产业融合过程中，我们需要通过顶层制度设计来放宽产

业管制，消除产业壁垒。这对于实现文化产业和旅游产业的有机融合是十分必要的举措。加强旅游和文化管理部门之间的沟通协作，建立相互支持、互相促进的工作机制，共同承担旅游和文化产业的发展、投资、扶持、宣传和人才培养等方面的工作，寻求新的市场机会和发展路径，推动旅游和文化融合发展。具体可以从以下几个方面加以考虑：首先，可以成立文化旅游产业发展委员会，使该组织在独立于产业成员主体之外的层面上对成员的行为进行约束。该组织还可以设定政策目标并运用政策手段来提高产业竞争力。其次，需要采取更加严格的限制措施，通过完善法律法规来约束和监管利益相关方的行为。

（二）转变政府职能

经济学上认为，在生产能力较弱的情况下，产出是由供给能力决定的；当供给能力大于需求能力的时候，产出则是由需求决定的。第一种情况下存在供给不足的现象，因此供给方会主动创造需求；而第二种情况下存在需求不足的现象，因此需求方会主动创造供给。针对不同的情况和需求，需要制定相应的发展战略和政策措施，以此来适应各个阶段的进展。在我国文化和旅游产业转向市场经济之前，供给不足的现象会导致消费需求无法得到充分满足，供求矛盾日益凸显。此时，政府的财政援助和政策优惠是产业获得发展的主要动力。当前形势已经改变，随着供给水平的不断提高，我们如今面临着结构性过剩的局面。简单来说，一般意义上的供给不足的现象已经消退，而有效需求已经成为驱动产业发展的根本力量。要促进产业发展，就必须确保市场在资源配置中发挥基础性的作用，以有效需求推动经济增长。针对文化产业和旅游产业的发展，新的政策思维逻辑应当实现转变，不仅要追求数量的增长，更要注重质量的提高。这意味着政府需要放弃单纯地通过资源投入和财政支持来促进两个产业发展的模式，而要更注重提升企业的竞争力和优化产业结构以实现产业的发展。只有这样，才能更好地满足人们愈发多样化的文化、旅游需求。政府不仅要进行必要的市场调控，还要积极引导旅游企业、文化企业的生产运营。加强文化和旅游企业之间的合作，协同探索和开发文化旅游融合项目，以解决文化旅游融合发展中的具体问题。加速文化企业和旅游企业的制度改革，确立现代企业制度，明确产权归属，明晰政企分开，实行科学管理以确保落实权责。

（三）加强区域产业规划整合

坚持“互通有无、互为利用、互相促进、共同繁荣”的原则，拟定旅游和文化融合的规划，并规划好文化和旅游领域的空间布局和定位，建设一些效益显著、推进力度强、具有广泛观赏价值和多样化的文化旅游项目，并且创造出融合旅游和文化的多元化产品。政府应当深刻考虑文化和旅游产业的实际状况，秉持先进的开放理念，制定系统化的融合计划和标准，积极引导两个产业之间融合发展；并且要为文化产业与旅游产业构建交流合作的平台与机制，实现两个产业融合发展的最大化效益。

（四）制定促进融合产业政策

考虑到旅游需求的多样化，我们需要把握科技的进步和趋势，加强文化产业和旅游产业之间的交流和合作，以便开创新的合作方式，以适应多元化的旅游需求。要实现两大产业融合，必须制定相关政策来推动产业间的合作。产业融合政策的制定对于实现产业融合的目标有着至关重要的意义。必须转变部门隔阂的心态，以开放的态度去探索产业发展的更大空间。政府部门要从产业外部的角度来看待产业形势，采取联合政策以促进产业结构的升级和更新。此外，还需要设计有效的激励方案，在保证实现各产业高效发展的同时，兼顾各主体之间的利益平衡。可以设立专项基金以支持多领域发展。例如，“创新型文化旅游人才引进基金”“产业融合市场开发基金”等。

（五）鼓励培养复合型人才

旅游产业与文化产业的融合离不开高素质、高能力的复合型人才，良好的人力资源可以为产业融合提供人力和智力保障。人才培养具有显著的经济效应，是促进旅游产业与文化产业融合发展良性循环的助推器。

任何产业的发展都离不开土地、资本、技术、信息、劳动力等生产要素的优化组合，其中，人才是最重要的产业要素。在旅游产业与文化产业的融合发展中，创意、生产、销售、管理等工作都需要高素质的人才来完成。旅游产业与文化产业的融合发展需要大量文化创意型人才来创新产业发展模式，需要大量复合型人才来管理融合型企业。因此，应通过多渠道、多形式、多途径来培养具有创新能力的复合型文化旅游人才。

1. 完善高等职业教育

通过高等院校的正规教育体系培养既掌握旅游产业知识，又掌握文化产业知识的复合型文化旅游人才，是推动旅游产业与文化产业融合发展、解决复合型人才短缺问题的有效途径。

首要，要打破条条框框，从提高学生综合素质的角度出发，开设兼顾旅游学、文化学、经济学、管理学、传播学、信息技术等学科的课程，丰富学生的综合知识体系；其次，要创新教学方法，激发学生的创意思维，提高学生的人文素养，培养具有原创意识和文化精品意识的文化创意型人才；再次，发挥高校的文化辐射作用，加强与国内外高校、文化旅游研究机构的交流，开阔学生的视野，为学生创造更多、更好的学习交流平台；最后，高校应加强与旅游企业、文化企业的联系，通过在企业设置大学生实习基地，为学生提供大量的专业实践机会。与此同时，高校还可以根据旅游产业与文化产业融合发展的实际需要及时调整课程体系，主动为旅游企业和文化企业提供相关咨询服务，通过校企联合完善复合型文化旅游人才培养体系。

2. 加强职业培训

旅游产业与文化产业的融合发展需要大量的后备人才，对已经具有一定专业知识和专业技能的旅游从业人员或是文化创意从业人员进行在职培训，是培养复合型文化旅游人才的另一条途径。各地劳动主管部门可以根据旅游产业与文化产业融合发展的需要，实施复合型人才能力开发计划，根据复合型文化旅游人才的核心素质要求，有针对性地开发培训课程、开展职业实践活动，从理论和实践方面提升人才的职业素养。职业培训既可以在企业内部进行，也可以由政府或企业委托高校开展。

产业融合对复合型、创造型人才产生了大量需求，因此，旅游文化和文化企业应通过职业培训改变员工对本产业领域的依赖惯性，使员工掌握更多、更新的复合型知识和技能。为了满足生产经营的需要，旅游企业和文化企业可以根据员工的特点和需求，为员工提供实用的、有针对性的培训课程，从而将员工培养成企业需要的人才。此外，企业可以借鉴国内外文化旅游企业人才培养的成功经验，采用先进的公司培训计划，鼓励员工在提升整体素质的同时，培养多元化能力。

高校拥有丰富的智力资源，可以承担文化旅游人才的培训任务。政府旅游和文化主管部门、旅游企业、文化企业可以与高校建立文化旅游职业培训合作机制。政府和企业负责制定人员培训目标和培训计划，高等院校利用自身的教育资源负责具体实施培训计划，以达到政府、企业希望的培训目标。通过这样的合作培训机制，一方面可以有效解决旅游产业与文化产业融合发展的人才短缺问题，另一方面也可以为高校培养复合型文化旅游人才提供更多的经验，从而为大规模培养专门化、复合型的文化旅游人才奠定基础和创造条件。

总而言之，要实现旅游产业和文化产业的有机结合，必须依靠人才资源。人才培养是提升产业核心竞争力的关键所在。为了促进旅游产业和文化产业的融合发展，要注意培养复合型与创新型人才，只有这样才能更加高效地推动文化产业与旅游产业的有机融合与发展。

二、确立企业的市场主体地位

在市场经济中，企业是不可或缺的主体，如果没有企业的参与，市场就会失去活力，变得毫无意义。若没有广泛参与的文化企业和旅游企业，文化产业和旅游产业的充分融合将毫无成效，变为一种空谈。当然，将文化产业和旅游产业有机结合需要政府积极引导和政策支持。但是单纯依靠行政手段，通过强制性的方式来实现融合，最终效果必然有限。因此，确立企业在市场中的主导地位是至关重要的。可以说，政府与政策导向作用的发挥和企业市场主体地位的确立，都是实现文化产业与旅游产业有机融合的必要举措。将文化企业和旅游企业视为市场主体，意味着要将它们放在产业融合的最前沿。这样既可以满足企业和文化旅游者的不同需求，为企业营造健康和谐的发展氛围，又能为文化旅游市场提供资源配置和政策保障的稳定性。为了保障企业在市场中的主体地位，必须对一些政府和行政主管部门的行为加以约束与规范。对于产业的发展而言，政府主体的失位、错位、越位都会有不利的影响。要发挥政府的引导作用，同时也需充分尊重企业的自主发展空间。为增强文化和旅游企业的核心竞争力，应该鼓励企业进行自我创新，推广具有自主知识产权的文化旅游产品。

为了使企业在融合过程中拥有市场主体地位，我们应该充分利用市场，尊重市场有效配置经营性文化旅游资源的规律。与此同时，我们要创建多元化的投资渠道，并引入竞争机制。只有运用这种策略，我们才能不断提高文化旅游企业在整体发展中的实力，促进具备重要影响和竞争力的文化旅游企业的兴起，改善地区文化旅游产业的现状，减少“跟随型”文化旅游企业的数量，增加“创新型”文化旅游企业的数量，提升文化旅游产业的生产力，推进文化和旅游产业实现深度和广度的交融。

第二节 企业运营管理层面

一、强化知识产权意识，完善文化旅游资本运营

（一）强化知识产权意识

文化旅游产业可以利用知识元素来创造文化旅游产品，进行文化旅游创新。通过以创意内容为核心，文化旅游产业可以实现由“先赋资源”到“后赋资源”的转变。除此之外，文化旅游产权还推动了文化旅游产业资源的规划、交易、服务以及内容创造。

文化旅游产业可通过将产权置于首位，并与文化产业和旅游产业紧密融合，实现产权的转型。这将使产业获得更加稳固的地位和核心竞争力，从而在重要领域和要素方面具备优势。自主创新能够带来自主知识产权，这可以让文化旅游资本在各个阶段自由流通和转换，包括资源开发、内容制作、产品交易和传播等。这样可以实现在地产业和在场产业之间的产业规模生产。

一些传统文化资源长期以来未得到充分保护，导致这些资源不断流失，为文化产业和旅游产业的融合发展带来了更加严峻的挑战。文化和旅游产业的融合发展可以增强人们的文化产权保护意识，还可以实现文化产权应用能力的提升，从而使对文化旅游资本的再开发和再生产得到合法保护，减少文化旅游资源流失，使文化旅游产业在国际竞争的环境下形成自身产业健康发展的保障体系。

（二）完善文化旅游资本运营

由于资本运营可以激活资本要素、提高资源配置效率，因此资本运营是一切产业发展的必由之路，也是实现产业资本增值的必要条件。文化旅游产业资本运营的主要目的是激活资本要素，提高文化产业与旅游产业融合资本的市场价值，形成持久的发展动力。文化旅游资本是文化旅游资源进入产业领域后，通过产业思维和创新思维，转变为可操作、可交易、可增值的产业单位后形成的。当文化旅游资本进入内容生产与再生产的环节时，就被转化为文化旅游产品，通过市场交易和消费者使用而实现产业的经济价值、文化价值与社会价值。

创新和创意是文化旅游资源向文化旅游资本转化的前提条件。但是目前我国文化旅游产业创新指数偏低，创新能力不强，而创新能力不强又与文化旅游资本

运营的创新机制有很大关系。文化旅游资本的运营决定了文化旅游产业的生产能力、产品品质以及产业的可持续发展，它是文化旅游产品内容生产体系的核心要素，也是文化旅游产业形成的基础。创新能力和创意内容可以通过资源规划成为文化旅游资本，并以产权形式在资源配置中实现资产增值和产业增长。

二、探索旅游演艺运营模式

旅游演艺经过实践验证，已经成为文化产业和旅游产业的最佳结合点之一，它促进了两种产业之间的融合和发展。在国外，旅游演艺已经发展得相当成熟。在成熟的文化演艺功能区，演出不仅仅能创造门票销售收益，还可以带动周围衍生产业与其他相关产业的发展。衍生产品与相关产业收益的总和可以达到演出门票收益的7～10倍。英国伦敦西区集聚了四十多家经营性剧院。据伦敦旅游局统计，自2000年以来，每年有超过1200万游客蜂拥至伦敦西区，大量的海外游客将观赏剧院演出作为自己游玩伦敦的重要项目，其比例高达3/4。观看百老汇演出是游客来纽约参观旅游的必选项目之一，这种旅游演艺成为当地旅游业的重要组成部分，每年可以创造高达5亿美元的门票收入。近年来，我国许多地区均推出了特色鲜明的旅游演艺项目。随着旅游市场的不断扩大，旅游演艺行业也呈现快速发展的态势。这也涌现出了许多备受瞩目的旅游演艺品牌。演艺节目的重点在于展示当地的传统习俗、美景和历史文化。根据演出场地的不同类型，演艺节目可被归类为主题公园演出、山水实景演出和巡回剧场演出。这些演出充分利用现代多媒体电子手段，并结合传统表演形式，展示出令人惊叹、如梦如幻的视觉效果。

（一）旅游演艺模式的构成要素

旅游演艺与传统演出最显著的差别在于其商业模式，它可以吸引游客，延长游客停留时间，从而带来额外收益和商业效益。与其他自然景观项目相比，旅游演艺具有更广阔的发展前景。因此，每当旅游景点推出新的演艺产品时，就有可能为景区带来新的经济增长机遇。

1. 价值主张

旅游演艺可以通过展示文化旅游资源、艺术理念和表演艺术形式等，来体现其价值主张。相较于传统演出，旅游演艺提倡将演出与旅游景点相融合，进一步丰富演出的主题和内涵。演出创作者可以汲取旅游目的地所提供的丰富自然和人文资源，将其作为无限的创作灵感和素材来源。山水实景演出这一全新概念，是由《印象·刘三姐》所首创的。《云南映象》是一部将古老传统和现代力量巧妙融合的综合性自然舞蹈表演作品。《功夫传奇》通过独具创新的艺术表现手法，重新展现了中国古老的武术形式的深邃诗意和丰富创造力。

旅游演艺节目的设计充分考虑了当地的文化特色、传统风俗以及市场需求，强调将传统元素与时尚娱乐相结合，从而呈现出独特的价值观念。这种类型的节目备受市场欢迎，它满足了游客追求新奇的消费需求。它作为一种全新的旅游形式，注重挖掘文化旅游资源的深层价值，相比传统的旅游项目更富有创新性。将传统文化与国际时尚元素融合是传统演出项目发展的重要动力。这种产品拥有迎合市场需求和发展趋势的特点和特质。当今，演出产品同质化现象越来越普遍，因此独特的价值主张可以帮助演出企业有效地吸引和凝聚目标消费群体。

2. 消费群体

目前，旅游演艺的消费群体可以分为三类。第一类是本地居民。他们在多次消费后，更加注重演出的娱乐性，选择旅游演艺而非传统演出是为了在旅行中获得愉悦和放松。第二类是商务散客。这类游客以自由行动为主，具备一定的消费能力，且拥有更多选择旅游消费项目的自主性。因此，在吸引这类游客时，独特的价值观念非常重要。第三类是旅游团队。他们往往时间紧迫，选择观赏旅游演艺表演通常是在导游推荐或旅游项目中选定的。

旅游演艺的主要消费群体仍然是游客。由于这一特殊受众群体的支持，旅游演艺拥有了可持续的客流量。持续的客流量是旅游演艺持续发展的关键因素。可以说，旅游演艺的生命周期因为有持续客流量的存在而被大大延长。游客具有追求新鲜、独特的心态。随着大众旅游的普及和娱乐消费观念的转变，越来越多的游客不再满足于单纯地观赏景点，而是渴望获取更加多元化的文化体验。旅游演艺作为一种专为旅游者打造的娱乐休闲产品，既富含艺术特质，又高度重视游客的娱乐体验，使旅游者在观赏演出的过程中得以愉悦身心、尽情享受精神层面的舒缓与放松。

3. 分销渠道与合作伙伴网络

根据各地旅游演艺发展的情况可以得知，旅行社、旅游演艺制作公司以及地方政府之间合作的紧密程度正在不断加深。通常，传统的演出企业会与演员、舞美设计师、灯光设计师、音响工程师、导演、词曲创作者和舞台监制等相关专业人才建立合作关系。相对于传统演出，旅游演艺拥有更广泛的销售渠道和合作网络，这是其商业模式的综合优势。

旅游演艺是最能生动展示和演绎旅游地文化的形式之一，因此它对于游客有着异常的吸引力。旅游演艺与旅游目的地相近，无需复杂安排，团购还能享受折扣，还能使旅行社有十分可观的收益。从旅游演艺制作单位角度来看，这种旅游演艺活动可以帮助延长产品的生命周期，并且实现产品价值链的拓展。此外，活动还能够不断吸引新的观众。从地方政府的角度上来说，举办一场彰显地方特色的旅游演艺活动，不仅能够挖掘和传承本地文化资源，还可以提升地方的知名度，具有重要的文化推广意义。就经济而言，它可以增加当地旅游收益，优化产品结构，推动相关产业发展，从而促进整体经济进步。

4. 价值配置与核心能力

从文化旅游演艺的角度来看，整合文化资源、旅游资源、演出资源、人才资源和资本资源的能力，是价值配置和核心能力的主要体现。旅游演艺相对于传统演出而言，可支配的资源越多，其制作销售的过程便会越复杂。因此，为了将当地的文化旅游资源与演出节目有机结合，构建高成本运作的旅游演艺，并使其在旅游产业链中占据重要地位，企业必须具备适当的价值配置和核心能力，并在与合作伙伴的战略关系上进行合理的调整。眼下，国内一些旅游演艺项目表现出了难以超越的特殊优势，不仅能够推动当地旅游业的发展，还能带来良好的经济效益。

（二）典型的旅游演艺商业模式

旅游演艺必须适应市场特点，因此需要建立一种适合市场的商业模式。它通过紧密结合市场的商业模式，能够提升旅游文化产品的竞争力。市场化的商业模式对于资源、人力、资本的配置与优化有着显著作用，可以通过利用资源优势，将其转化为产业优势和经济优势，实现良好的经济和社会效益。以下是一些比较成熟的旅游演艺商业模式。

1. 基于蓝海战略的商业模式

蓝海战略是 2005 年由金伟灿和勒妮·莫博涅在《蓝海战略》一书中提出的。根据蓝海战略理论，市场可以被划分为两类：红海和蓝海。红海指的是已经被开发和占领了的市场领域。而蓝海则是尚未被开发或开发程度较低的市场领域，这些领域具有独特的需求和潜在的高利润增长机会。蓝海战略的关键在于价值的创新。为了获得未来的成功，企业应该尝试打造全新的市场空间，而不是只在已有市场中与竞争对手竞争。蓝海战略注重的是通过创造新的需求来开拓新的市场，打破原有的市场竞争局面。

“印象”系列演出已成为旅游演艺领域的一个独特现象。自 2004 年，中国推出了开创性的山水实景演出——《印象·刘三姐》，备受国内外游客的青睐，如今该演出已成为广西旅游和文化产业的重要代表，具有广泛的影响力。自从《印象·刘三姐》开创以来，一系列以山水实景为主题的演出纷纷推出，如《印象·丽江》《印象·西湖》《印象·海南岛》等。《印象·刘三姐》凭借别开生面的艺术理念、融合了自然文化景观的出色表现、独特的舞台设计、专业与业余演员的投入以及重量级导演群的加盟，已经成为一段不朽的舞台传奇。《印象·刘三姐》通过整合创新资源，促进相关产业的发展，来构建“印象经济”的效应，从而实现了超越竞争。

“印象”系列的最为创新之处是将真实的山水融入表演之中，打破了传统舞台的限制，在桂林山水中搭建舞台，把江面作为演出地点，将十二座山峰和天空融入背景之中。这种实境剧场设计打破了人们一贯的思维方式，带有革命性的重要价值。这种表演理念和价值观念极大地丰富了观众的感受体验。演出舞台所营造的身临其境的感受，让游客仿佛置身于故事情境之中。这样的旅游体验完美地满足了旅游者探索全新景观的需求。此外，由于山水在不同地域之间具有独特的自然景观特征，因此可以选择该地域的自然景色作为主题来呈现，这种独特性吸引了众多消费者，避免了因产品同质性而引发的市场竞争。“印象”系列演艺降低了旅游的季节限制。一方面人文旅游产品的季节性影响相对较小，另一方面利用不同季节的特点来打造山水实景演出舞台效果，可以更加彰显演出的表现力。

桂林的旅游格局由于《印象·刘三姐》的出现而被改变，形成了全新的产业链条：票房销售—带动旅游—房地产增值—商贸服务—拉动就业—品牌效应—吸引投资—股份升值。也正因如此，桂林当地的经济也实现了更好的发展。《印象·刘三姐》堪称蓝海战略商业模式的成功典范，正因如此，导演张艺谋收到了众多地区关于“印象”系列的邀请。

2. 基于连锁经营的商业模式

通常情况下，连锁经营是一种在快餐和零售行业中广泛应用的商业运作模式。这种模式的主要特征是在不同的地区进行多次复制，如连锁超市、连锁快餐店等。连锁经营是一种以垂直式的管理方法为特点的商业模式，公司直接管理、投资和运营各个零售点，以实现规模化经营。连锁经营的模式核心在于零售点在相同的销售领域中共同经营并提供相似的商品和服务。这种模式由同一资本源头掌控，并由总部集中管理机构、统一领导。连锁经营之所以具有优势，是因为其能够通过扩大渠道覆盖面的方式来提高市场占有率。这种商业模式的特点是“资本统一、管理集中、销售分散”。

3. 基于规模经济的商业模式

规模经济指的是在一定生产范围内，随着生产规模的扩大，每个单位产品的成本逐渐降低的现象。规模经济通过生产规模的优势，评估企业规模的大小，找到最合适的经济尺度，提升生产和经营活动效率，最终使企业实现最大化的经济效益。当经济规模扩大到最佳状态时，随着生产量的增长，每个单位产品的生产成本逐渐下降。

4. 基于资源整合的商业模式

要将外部资源转化为竞争优势，需要进行选择、吸收、内部融合和外部展示等一系列步骤。在这个过程中，企业的整合能力显得非常重要，因为它不仅会影响资源配置的效率，还会决定资源利用的效率。为提升竞争优势，我们需要通过内部整合的手段，向市场提供必要的产品、服务和技术支持。将资源整合纳入商业模式意味着重新规划企业的价值链和竞争规则，为企业创造新的发展机遇。

5. 节庆演出基地商业模式

节庆演出基地模式是将传统旅游节庆活动与文化创意相融合的商业模式。节庆演出活动可以通过改变场地、创新活动形式、设计更加丰富的节目内容以及采用创新的宣传方式等来吸引更多游客参与。

三、跨产业集团化发展

企业是促进产业融合的主要力量，企业融合的状况反映了产业融合的状况。为了促进旅游产业和文化产业的交融，企业可以采取多种措施，如向文化领域扩展的同时向旅游领域拓宽经营范围，实现集团化运营，以提高企业的规模化和多元化程度，从而加快企业的发展速度。

目前，我国一些旅游企业规模偏小，缺乏市场竞争力。同时，由于我国文化产业起步比较晚，很多文化企业是由文化事业单位转变成的实体企业，这就使得我国文化企业数量有限、规模小、市场竞争能力较低。因此，在我国旅游产业、文化产业发展中，各类企业都正在努力扩大企业规模、增强企业竞争力。但是企业的规模不能无限扩张，随着交易数额的增加，企业内部管理活动也在增加，最终当市场交易的边际成本与企业内交易的边际成本相等时，企业就达到了最优边界规模。当企业规模经济效益无法继续扩大时，企业将会试图通过向不同领域投资，兼并、购买其他产业企业，通过跨产业、多元化经营方式来实现企业的范围经济。而且，在产业融合的背景下，产业之间的壁垒被打破，企业除了要面对产业内原有企业的直接竞争，还要考虑其他产业的潜在竞争企业；随着企业竞争的不断加剧，企业之间原有的合作联盟关系也将面临挑战。

在当前的发展趋势下，无论是旅游企业还是文化企业，都需要不断地发展新的核心竞争力，以获得持续的市场竞争优势。为了实现这一目标，企业可以将文化与旅游充分融合，结合现代企业制度，建立文化旅游集团。发挥旅游产业和文化产业的协同效应可以实现资源的优化整合，提高资源利用的效益，同时降低产品开发和行业转型的成本。通过提升产品性能和扩展产品线，加强企业在市场中的竞争力，从而实现全新的核心优势。

组建跨产业的文化旅游集团可以充分利用专业分工的优势重新构建事业部组织结构，从而消除传统旅游企业和文化企业的直线职能制结构的弊端。在传统的旅游企业集团、文化企业集团中，整个集团分为全资公司、控股公司和参股公司，集团对子公司集中管理，子公司的重大决策必须经过集团董事会批准，由于使用集权管理体制容易导致集团内部经常出现子公司分立经营、相互竞争的局面，集团难以进行有效的整体管理。而文化旅游集团实行事业部组织结构，可以使得日常经营决策与战略决策相分离，各事业部可以专注于各自的专门领域发展，形成专业优势；同时，文化旅游集团还可以结合企业核心竞争力的构建，根据企业现实状况选择最具市场优势、竞争优势的事业部为发展重点，通过兼并、重组、资本运作等方式做大做强自己的优势行业，形成以某一行业为主导的文化旅游公司，如会展旅游公司、旅游工艺品公司等。

目前，我国很多旅游集团、文化集团是在行政力量的推动下组建的，集团企业的主体是政府，集团内的企业挂靠旅游部门或文化部门，企业主要经营者和管理者由政府委派，这些集团企业都是国有企业，由于政企不分易导致集团发展缺乏动力。建立文化旅游集团的首要任务是确保旅游企业和文化企业与政府机构分离，按照现代企业制度的要求建设“产权明确、责任清晰、政企分离、管理科学”的集团企业。此外，为了达成“重构所有权、解放管理权”的目标，要继续推进现有文化旅游集团的改革，建立健全的公司治理机制。只有当文化旅游公司成为综合企业集团，其规模和实力足够强大且具备广泛的影响力，才能更好地实现旅游产业和文化产业的持续融合和发展。

第三节　文化旅游产业建设层面

一、由城市综合体向文化旅游城转变

（一）文化旅游城的内涵

文化旅游城是一种综合性城市发展模式，它以特定的文化旅游理念和地理环境为基础，在开发过程中注重发展文化旅游、休闲和娱乐等业态，同时融合度假酒店、游乐设施和休闲社区等元素，形成一个多元化的综合性社区。该发展项目的目标在于提供高品质的服务体验，创建一个文化旅游和休闲的聚集区。文化旅游城融合了城市综合体的特点，同时具备旅游综合体的优势，构成了一个集多种功能于一体的旅游城市。

旅游综合体借鉴了城市综合体的概念，而城市综合体则建立在建筑综合体的基础之上。建筑综合体是一个将多个不同用途的区域结合在一起的综合性建筑群。与传统的单一功能建筑相比，它将城市所需的办公、住宿、餐饮、商业等多种功能巧妙地结合在一起，形成一个巨大的多功能建筑，其各项功能分工合理，相互之间联系紧密。城市综合体是指将商业、住宿、办公、娱乐等多个不同的功能融合在一起，形成一个集成式的街区或建筑群，这种综合体以城市的聚集特性为主要特点。文化旅游城与城市综合体和旅游综合体的不同之处在于，它是一个融合了多种功能的城市休闲旅游地区，旨在提供扩展和集聚城市功能的场所。文化旅游城以文化旅游为核心，吸引游客的活动主要集中在文化旅游休闲活动上。此外，该城还集餐饮、住宿、购物、运动、娱乐和游览等多种功能于一身，成为一个多元空间复合产物。总的来说，文化旅游城是以文化旅游功能为主导，供人们休闲游憩的场所。由于其独特的位置和功能，文化旅游城已不再仅仅依靠传统旅游景点的吸引力，而是注重发展完整的文化旅游产业链和多样化的服务设施，其服务对象也不只有度假者和观光游客，还有当地居民，成为当地居民日常休闲娱乐的重要场所。

（二）文化旅游城的目标——“一站式体验”

在 20 世纪后期，由于公众对公共服务的需求不断增加，西方发达国家开始进行广泛的服务改革运动，推出“一站式”服务理念。“一站式”服务指的是所有顾客业务均可以在单一接口完成，省去了顾客在不同平台、场所完成业务的麻烦。“一站式”服务要求在特定区域内设施要相对集中，以便配套满足顾客的所有需求。

“一站式体验”是在旅游体验经济的实践中提出的概念，它建立在产业聚集地理论的基础之上，旨在为顾客提供全方位服务。根据产业聚集理论，某一地区聚集了相同的产业，可以产生聚集效应或形成适宜的产业区位。文化旅游园区是在游客、管理部门、服务企业和开发商等群体的互动中形成的，由于规模效应的作用，这些群体共同打造了一个具有文化特色的旅游景区。在园区产业链本地化的影响下，相关产业得以有机配合并催生了旅游景区聚落的形成。

文化旅游城集中于游客的需求，重视旅游体验，通过区域内旅游景点、管理团队、相关企业和开发商的紧密合作，在提供文化旅游服务的过程中，为游客提供全方位、无缝衔接的“一站式”服务。文化旅游城是一个综合性场所，结合了居住、工作、文化产品制造和消费等多重功能，提供宽敞、宜人的环境，为城市注入新的思维和元素。它的革新性使得已有的城市景观得到了全新的诠释。

（三）文化旅游城的特征

文化旅游城的兴起源于文化旅游消费、景区发展和地产开发这三者的升级与融合，而文化旅游城也将推动中国文化旅游产业的升级与发展，它的主要特征有以下几个方面。

1. 以文化旅游创意与土地为基础

文化旅游城的建设必须以文化旅游创意为核心和基础，积极转化区域的自然和人文资源，打造具有独特魅力的文化旅游产品。这是文化旅游城发展的关键。文化旅游城的规模和产品配比结构是由运作方的土地获取能力和资金实力决定的。这意味着，运作方可以获得的土地资源数量大体上也是由这两个因素决定的。

2. 以文化旅游休闲游憩功能为主导

文化旅游城以休闲游憩为主要特色，它在文化旅游业的全面发展中，整合了游乐、养生、休闲、购物、会议和观光等多种功能。在实际的项目开发过程中，必须根据实际情况来打造具体的项目，避免单纯的功能叠加或混合，应着重打造其中的某一个或几个功能。

3. 以土地综合开发为手段

文化旅游城是一种将文化旅游产业置于核心位置的土地综合开发利用方式。

文化旅游城旨在将多样的业态、功能聚合在一起，提升土地价值，促进相关产业的繁荣，促进不同文化之间的交流互动，从而实现最优化的开发回报。

4. 以休闲地产产品为配套

休闲地产不仅包括度假酒店、休闲商业和休闲住宅，还包括其他特色主题地产，如创意地产、养老地产、学区地产等。在文化旅游城项目开发中，这个部分扮演着至关重要的角色，负责产生利润，是资金平衡的关键所在。

5. 以高品质服务为保障

作为文化旅游开发的升级模式，文化旅游城必须拥有超越一般景区的高品质服务作为保障，才能够实现良好的运营，才能有效发挥产业聚集效应。

6. 具有高风险高收益性的特点

文化旅游城项目往往需要投入大量资金，包括建设、运营和品牌发展等方面。文化旅游城项目投资回报较慢，投资者面对的风险较大，同时还会受到周边经济、环境、交通、客流量乃至政府政策等多种因素的影响。然而，随着传统文化观光旅游的转型，为了实现向公共休闲度假旅游的转变，文化旅游城的开发和投资也变得更有商业意义。

（四）文化旅游城的开发模式

1. 综合打造为指引

综合打造的导向是文化旅游城的独特之处，也是建设文化旅游城的首要任务。其中包含了四个主要方面：第一，对土地进行全面的开发。要打造文化旅游城，重点是要实现土地的综合开发，要以旅游休闲为导向。这种开发的核心思想是综合利用当地的自然、历史、文化、生态和物产等资源，打造出独一无二的资源魅力。综合利用这些资源还可以开发多种功能，如休闲、度假、娱乐、运动和体验，以满足不同市场的需求。这就是所谓的“复合型资源、综合型利用”的理念。第二，产业的综合发展。经过发展，文化旅游城已经从一个简单的旅游项目逐步转化为一个多元化的旅游集聚区，其中涉及地产、贸易、会展、文化创意、体育等泛旅游产业，不同文化旅游城的产业侧重有所不同。第三，综合配置多项功能。文化旅游城的独特之处在于它汇聚了多种旅游元素，实现了旅游功能的多样化和协调性，与传统的单一景区相比具有明显的差异。第四，目标的综合打造。一个文化旅游城如果实现成功经营，就可被建设成独具特色的城市功能区，成为受欢迎的旅游休闲胜地和美丽城市文化新亮点。这个整体目标的框架已经与一般的文化旅游园区有了明显的差异。

2. 定位突破为先导

目前，许多旅游投资公司都开始涉足文化旅游城建设领域，这将不可避免地导致未来市场竞争的加剧。因此，在发展文化旅游城的过程中，首先要解决的是定位问题。这包括两个主要方面：第一，明确该地区的功能定位。在推进区域旅游发展时，文化旅游城应该充分发挥自身的优势，明确在区域发展中的地位，这是实现区域旅游一体化的关键前提。第二，确定主题方向。要建立一个独特的文化旅游城市，需要考虑市场需求并创造差异化的吸引力。另外，需要将自然、文化和社会各方面的旅游资源有机地结合起来，突出自身的比较优势，从而打造一个独具特色、具有魅力的主题旅游项目。在寻找文化旅游城的核心价值时，要考虑城市文化的个性和特色，这是一项非常重要但也充满挑战的任务。

3. 功能构架为核心

确定功能框架是创建文化旅游城的关键之一。为了构建文化旅游城，必须深入研究其主要作用、内在关系和互动模式，而不是简单地堆砌和列举各种功能。经过实践证明，所有成功的文化旅游城市都包含了“核心吸引中心、休闲聚集中心和延伸发展中心”这三个关键部分。

（1）打造核心吸引中心

要打造核心吸引中心，必须以市场需求为引领，融合核心资源，开展创新，并打造出具有独特魅力的核心吸引物。这些吸引物可包括旅游景区、主题公园、温泉养生中心、赛马场、影视城、特色街区、高尔夫球场、特色酒店等。这些项目可以成为核心吸引力的基石，增强区域吸引力和竞争力。打造核心吸引中心可以吸引人流量，提升土地价值。在打造文化旅游城方面，深入研究和创新旅游产品至关重要。

（2）构造休闲聚集中心

构造休闲聚集中心是为了顺应核心吸引中心的需求，提供综合的休闲产品体验。这个区域集中了许多不同类型的休闲场所，包括主题酒店、水上游乐场、滑雪场和温泉浴场等。这些场所融合成一个泛旅游产业，以满足消费群体寻求丰富多彩的休闲娱乐体验的需求。为了满足消费者多样化的需求，该中心需要提供更多娱乐产品。这样一来，才能更好地吸引游客，形成一个聚集了众多休闲活动的中心场所。文化旅游城的核心功能部分就是休闲聚集中心。

（3）创造延伸发展中心

创造延伸发展中心可以推动地产业、泛旅游产业和现代服务业等领域的持续发展。要想收获可观的回报，文化旅游城土地的开发必须采取可持续发展的策略，其主要目的在于推动休闲地产社区、会议会展以及文化创意产业的蓬勃发展，同时提高现代农业和服务业的水平。只有这样，才能最终建立一个泛旅游产业的发展框架。地产行业尤其是休闲地产领域，在延伸发展区中扮演重要角色。休闲地产领域包括多种形态，如高档住宅社区、度假公寓、文化创意产业园区以及企业总部基地等。

4. 操纵运营为支撑

鉴于文化旅游城开发的复杂性，其对运营的要求也极高。在开发文化旅游城时，应注意以下两个问题。

（1）寻求专业化、落地化的高水平智力支持

鉴于文化旅游市场的激烈竞争，开发企业必须在所有阶段，从选址到实际建设，都使用高水准的方案，以确保文化旅游城的成功开发。因此，规划、设计和运营咨询是开发企业必须高度重视的方面。要实现文化旅游城的成功开发，就需要有高水平的智力支持。在进行复杂的文化旅游城开发时，要寻找专业能力强、能够有效协作的跨学科团队来提供高水平的智力支持。这个团队要具备丰富的经验，对文化旅游产业了如指掌，要能够熟练开发文化旅游产品，并在度假酒店、休闲地产的投资运营和土地综合开发方面有成熟的经验。此外，要有提供全程化咨询服务的能力。要具有从创意策划到落地运营的整合能力。只有这样，方案才能有生命力，有坚实的基础，能够实现活力的运作和不断的成长。如果缺乏其中任何一个方面，方案就会不完整。不同的阶段需要不同的思路，因此，具有规划、设计和运营咨询等多方面专业知识的团队是至关重要的。

（2）选择特色化、创新化的高水准运营模式

文化旅游城要想真正显现出自己的内在特质，不仅要有高度的文化旅游综合运营水平，同时还要在全局性、品质性、长期性等方面有显著体现。在实践操作中，有两种方式可实现这种要求：一是采用独立开发和独立运营的模式。一些地产企业进驻文化旅游行业已经多年，它们之中有的实现了从地产企业到文化旅游企业的巨大转型，但是在全国范围内来看能够实现这样的转型的企业并不多见。二是综合开发、合作运营的模式。这将产生一个全新的运营主体，即经营文化旅游城运营商，这种主体形式与城市运营商等有相似之处。文化旅游城的开发和运营是由文化旅游运营商主导的。运营商会通过招商、融资和营销平台对文化旅游城进行规划和开发，其中一些项目会进行“一级半开发”，即自行开发并独立运营擅长的项目。其他项目如酒店、商业街和娱乐项目等，则会通过战略合作方式实现运营。

二、推进文化旅游产业集团化建设

文化和旅游产业的融合将最终创造出一批更具竞争力的文化旅游产业集团。这种产业集团通常规模较为庞大，并且将文化创意、产品研究开发、销售、旅游服务和文化交流等要素有机结合，打造自身的品牌优势。但是总的来说，我国的文化旅游集团整体规模较小、业务范围有限，在应对风险方面还有一些欠缺之处。此外，我国文化旅游产业融合的整体效益尚未得到充分发挥。为了实现文化产业与旅游产业的融合发展，需要大力推进文化企业和旅游企业的制度创新，促进它们之间的整合与重组，以形成强大的文化旅游产业集团。这些集团应该拓展多样化的文化旅游业务，从而更充分地利用与发展文化和旅游产业之间的协同效应。

（一）文化旅游产业集团化的界定

文化旅游产业集团是一种将核心文化旅游资源作为主要组成部分，通过各类合作经营关系或资产连接等方式，整合多个组织，从事文化旅游服务经营活动的集合体。在企业规模与竞争力方面，旅游集团与单一的旅游企业相比，有着其无可比拟的优势。

在狭义层面，文化旅游集团化指将多家文化旅游企业合并为一家文化旅游集团公司，以实现规模化经营和资源整合。采用集团化经营模式，文化旅游企业集团能够确保充足资金，并且在贷款和融资等方面处于更有利的地位。

从广义层面上来看，文化旅游产业的大规模集团化还涉及利用重要的文化资源来协调不同的文化、旅游产业及其相关服务、设施，通过协商分工和相互合作的方式，形成高效率的连锁系统。文化旅游企业采用集团化经营模式可以让子公司共享服务资源，提高当地文化旅游的吸引力和资源分配的效率。这也能够增强当地文化旅游产业在竞争中的优势。

（二）文化旅游产业集团化的分类

1. 政府主导型和市场推动型

为了优化文化旅游产业的结构并推动其发展，实施集团化是必不可少的。鉴于不同的主导主体，文化旅游集团可以分为政府主导型和市场推动型两类组织形式。

政府主导型文化旅游集团是文化旅游产业发展的产物。这种类型集团的组建主要是在政府的参与和指导下完成的。政府主导型文化旅游集团主要有两种形式：

一是政府对国有文化企业和旅游企业进行改革，包括全力资助、并购重组、授权经营等方式，在短时间内完成文化旅游企业的集团化，实现集中管理和统筹经营。二是通过政府参与，推进当地文化企业和旅游企业之间的合作，建立文化旅游企业战略联盟组织。

市场推动型文化旅游集团指的是在文化旅游产业不断发展、市场机制日益完善的背景下，由于经济利益和市场需求，各类文化旅游资源和要素逐渐向大型企业聚集，从而形成文化旅游集团。这一发展趋势是文化产业和旅游产业内在规律不断发挥作用的结果。文化企业和旅游企业不断扩大规模，通过内部增长、兼并和投资入股等手段来实现其成为文化旅游集团的目标。此外，因为市场竞争异常激烈，为应对复杂的市场竞争状况，文化企业和旅游企业也会主动地进行合并或成立联合文化旅游集团。

2. 资本运作型、资产管理型和战略合作型

文化旅游集团按照组建方式可分为资本运作型、资产管理型和战略合作型文化旅游集团。

资本运作型文化旅游集团的显著特征是，集团通过自身经济水平与经营实力在资本市场上进行相关产权交易与资产行为，其内容主要包括股票发行、资产重组、兼并收购等。这种集团是以资产关系为主要纽带的。

文化旅游企业通过自己的经营逐步积累，缓慢地发展成为资产管理型文化旅游集团。这种集团在不同地方设立了分支机构和销售点，以一套共同的经营管理方法运营，有着显著的产权隶属关系。

战略合作型文化旅游集团是企业与其他企业建立起的松散联盟，旨在实现各自的战略目标，并通过合资或契约方式达成合作关系，实现优势互补、利益共享。这种集团形式是文化旅游企业集团化过程中的重要补充。

3. 横向一体化和纵向一体化

文化旅游集团根据不同的发展目的，可以分为横向一体化文化旅游集团和纵向一体化文化旅游集团。

横向一体化文化旅游集团是由文化企业（旅游企业）为核心，与旅游企业（文化企业）共同建设的文化旅游集团，这种集团的建立是通过收购和拓展式投资等方式实现的，其主要目的是通过产业投资来降低风险。

纵向一体化文化旅游集团是将文化旅游业务中的各个方面进行整合，以便更有效地管理和运营这些要素。这种集团经营方式可以重新组合文化旅游活动的不同流程，使它们更加协调和高效。为了在竞争激烈的市场中立于不败之地，文化

旅游集团可以采取纵向一体化的集团形式以更好地实现规模的扩大。纵向一体化文化旅游集团一般可以被划分为两类：前向一体化和后向一体化文化旅游集团。

（三）文化旅游产业集团化发展的路径

1. 加强政府引导，整合国有文化旅游企业

在文化旅游市场中，一种必然的发展趋势是，企业之间通过控股、互相持股、签订契约或建立战略联盟等方式实现集团化发展，从而形成利益共享。然而，就整体而言，我国的文化旅游市场仍然处于起步阶段，缺乏健全的市场机制。因此，政府引导成立文化旅游企业集团是目前最为直接有效的方法。政府可以采用多种方式对国有文化旅游企业进行股份制改革，如提供全部资金、进行企业整合和委托经营等。政府引导的优势在于能够在产业初始阶段协助企业克服种种困难，如解决企业架构不合理、资金短缺和地区分散等问题。这种引导可以在促进产业集群发展的同时加速整个产业的成熟。需要注意的是，采用这种方法也有可能增加核心企业的经营风险，并且可能会引发产权不明确的问题。因此在文化旅游企业集团化形成之后，政府应逐渐淡化自己的主导作用，而将主导权交由市场机制。这时政府参与的方式则由发挥主导作用转变为通过经济和法律手段对集团进行宏观调控。

2. 整合同类文化旅游资源

文化旅游产业融合的行为主体是文化企业与旅游企业，而这些企业的规模和创新能力则是实现融合的重要因素。当前，很多靠行政手段“拼凑”而成的文化旅游集团，尚未真正形成强有力的整合能力和竞争力。培育文化旅游集团的成功，不仅需要政府的支持，更需要在市场竞争中自我锤炼和自我完善，只有这样，集团才能获得真正的创新水平和竞争能力的提升。

整合同质化的文化旅游资源不仅可以丰富文化旅游资源的内涵，还可以推动文化旅游产业向集团化方向发展。对于文化旅游资源而言，产业化整合是资源整合过程的核心环节。企业要整合文化旅游资源，不仅要将各个独立的资源整合在一起形成文化旅游资源集群，还需要根据市场情况和文化旅游资源特点进行资源优势扩大，提高文化旅游产品的竞争力。同时，要加强对文化内涵的深度挖掘，以推动文化旅游行业的规模化发展。除此之外，还需要积极抓住市场机会，积极支持、培育文化旅游企业的发展，并推动文化旅游资源从单一向多元化、丰富化发展，实现产业集群转型。为了实现文化旅游产业的集团化发展，还需要综合考虑区域内的文化资源分布情况。

3. 整合互补文化旅游企业

伊戈尔·安索夫是第一个提出多元化发展概念的企业战略理论家。他总结了使企业发展的四种主要途径，包括增加现有市场内增长、开发新市场、开发新产品和实施多元化。[①] 实施多元化的动机通常有两个主要方面：一方面是为了在新领域探寻机会，获得更多的利润；另一方面是为了在不同的领域分配资源，以规避风险。文化旅游集团多元化发展的核心是以文化企业或旅游企业为中心，通过利用核心产业的竞争力，来扩展其产品开发和市场拓展的范围，从而实现多元化的经营策略。

文化旅游产业的重心在于深入探究文化内涵，以形成文化产业及旅游产业的融合发展，创造高度的审美价值和深厚的文化认同。因此，企业要注重拓展文化创意、文化展示、文化传播等多个方面，要以文化旅游为主线，打造一个多元化发展的文化旅游集团。在城市周边设施比较完备的地区，文化旅游企业可以举办一系列规模大、专业性强、影响力广的商务会议、艺术演出、体育竞赛、专业讲座等活动，以充分发挥周边区域资源的优势。这些活动可以促进文化旅游产业新业态的发展，增加多样化的文化旅游产品。

4. 整合相关辅助产业

文化旅游企业的纵向一体化是一种制度安排，旨在实现更好的市场适应性和组织效率。这种制度安排能够利用专业分工的优势，让企业减少交易费用、获得更大的利润，提高企业在市场上的竞争力。所以，纵向一体化对企业来说是一种具有相对优势的竞争策略。纵向一体化的发展通过协作合作的方式，将现有的产业部门联结构建起一个完整的产业链，实现企业间的联合发展，从而将不同产业的上下游环节有效衔接。建立纵向一体化文化旅游集团，延伸产业链，可以有效降低文化旅游市场的交易成本。

文化旅游产业具有多元化的特点和综合性的经济效益。文化旅游产业除了涉及餐饮住宿、旅行交通、风景观光、购物和娱乐等领域，还延伸至文艺表演和文化创意产业等多方面。为了在当前情况下实现纵向集团化，必须加强对文化旅游产业相关辅助产业的整合。可以利用一些备受全球瞩目的文化旅游胜地，来推动创建纵向一体化的文化旅游集团。

5. 加强跨区域合作，构建跨区域文化旅游集团

文化旅游集团需要保持开放性，应当在发挥自身特点的同时，与区域内或跨

① 安索夫．战略管理[M]．邵冲，译．北京：机械工业出版社，2013.

区域的文化旅游企业加强互动和合作。为促进整个文化旅游产业的可持续发展，企业可以采取一些合作方式，如成立合资企业、签订委托合作协议、制定合作契约、共同制定发展策略。

除了促进旅游企业的集团化发展，还必须在战略的高度上促进文化与旅游企业的合作和发展。通过合作可以使得集团具有各自专业的分工和相互合作的潜力，可以展现当地独特的文化特色，同时避免文化旅游企业之间的过度竞争和自我封闭，从而实现更好的发展。推动文化旅游企业间的合作，实现资源共享、风险分担，以此打造一个具备竞争优势的文化旅游产业集群。通过建立企业协作组织，企业能够扩大覆盖范围、提高协同效率，从而有效促进企业的长期发展。文化旅游集团间的跨区域战略合作可以促进其迅速进军区域外的文化旅游市场，并提升管理水平和产业规模。当文化旅游集团之间展开战略合作时，由于资源互补的关系，双方可以整合各自的优势，以便在市场上寻求业务拓展的机会。此外，这种合作方式还可有效降低交易成本。战略合作集团能够实现协同效应，整合各部门之间的管理和技术，形成整体优势。

（四）文化旅游产业集团化发展政策建议

要使文化旅游产业得到根本转变，就需要促进大型文化旅游产业集团的发展。要创造一个标准化并具有灵活性的整体经营环境。强化行业管理体制建设，改革投融资机制和企事业单位股份制，以一体化的组织和规划作为指导方针，确保各项改革和发展政策之间协调一致。加速建立战略性文化旅游集团，促进文化旅游产业的健康发展。

1．深化和创新文化与旅游管理体制改革

要促进文化旅游产业集团化发展，首要任务是改革政府管理体制，使其更加灵活、多样化，并探索多种管理方法。我国过去一般将文化产业视为事业单位，这种行政管理模式使文化和旅游产业长期受到政府计划管理的限制。尽管相互融合和市场化的推动在一定程度上促进了文化旅游产业的发展，但现今的管理体制已成为限制其发展和繁荣的阻碍。因此，为了促进文化旅游业的发展，需要进一步优化管理机制，推进管理创新。政府应当专注于宏观调控，创新文化旅游产业管理方式，优化经济调节、市场监管和法律手段，并提高行政管理效率。

（1）深化行政管理体制改革

需要在促进政府职能转型、实现政企分开，以及解决文化旅游产业多头管理问题等方面取得实质性进展。政府应当遵循政企分离原则，以减少政府介入文化旅游企业和市场中介机构，从而解决政府在生产、投资和人事安排等方面对文化旅游企业过度干预的问题。此外，这样也能够进一步消除政府与企业之间的直接资本联系。为了更好地统筹管理文化旅游资源，政府部门需要进一步引入管理创新机制，以实现不同管理部门之间的紧密协作和职能互补，避免过度或者不足的管理现象。因此，各管理部门都应该主动协助和密切协调，以确保文化旅游资源能够得到更好的管理和利用。

（2）转变政府职能，构建公共服务型政府

政府在执行主导策略时，可以采取优惠措施，以激励某地区和行业的发展。然而，政府的政策通常会产生“溢出效应”，即可能限制某些地区或行业实现自我发展的机会。尽管政府努力推动文化旅游产业的集团化发展，但由于资金投入有限，只能形成少数的旅游企业集团。这无法适应区域文化旅游产业向更大规模、更高效、更集约化发展的趋势。政策所推动的产业集团化应当以争取公正的政策待遇为目标。

2. 完善文化旅游产业投融资体制

在我国文化旅游行业中，一些企业面临着企业规模较小、利润率不高、经济实力不够强大、内部管理不够完善等难题。这些企业进入资本市场，推行股票、债券发行，仍然会面临许多挑战。此外，存在一些约束限制了企业将文化旅游资源作为抵押品来获得贷款的渠道。这也导致现有的企业难以在短期内扩大规模。而兼并收购、控股和参股其他企业等行为也因为资金不足难以有效进行。目前尚未建立完全适合文化旅游产业特点的产权交易体系，直接通过现有产权交易体系实现规模化发展的成本太高。许多企业集团目前主要依赖内部积累来实现发展，这使得集团化的市场化运营无法实现迅速增长。

因此，需要积极构建与文化旅游产业的集团化发展相适应的金融体系。为促进文化旅游产业的发展，应该积极推动大型国有银行为该行业提供服务和支持，同时消除银行融资对文化旅游产业的不利影响。为了提升商业化水平，文化旅游产业应该加强与金融机构合作，致力于创新和改进文化旅游资源的信用担保机制。政府部门应当加强对文化旅游企业在上市方面的支持，鼓励它们采用多种方式以获得资金，从而促进文化旅游资源快速实现资本化。创立一个以地域为基础的文化旅游产权交易平台，增强各文化旅游企业之间的合作，并推进集团经营的发展。这样将提高文化旅游产业资本运作的效率，实现企业的合并和重组。

3. 加大资源整合力度

我国很多地区有丰富的文化旅游资源，这些资源对于文化旅游产业的发展具有明显的优势。但要实现这些优势，需要通过将文化旅游资源整合来推进资源的产品化。文化旅游资源丰富却没有得到很好的开发，这个问题成为制约文化旅游产业发展的重要因素。为了制作高质量的文化旅游产品，需要整合和提升旅游资源，将这些资源的优势转化为产业优势。需要特别注重整合那些拥有鲜明特色和优秀品质的文化旅游资源，以此打造独一无二的旅游产品。这个趋势符合现代产业集团化发展的要求，即以核心文化旅游企业为中心，与其他旅游资源企业合作，共同推动区域产业的集团化发展。

4. 规范市场秩序，完善知识产权保护

一些文化旅游集团在创新和实力方面还有所欠缺，而且我国部分地区市场秩序和知识产权保护方面还存在一些问题。因此，完备的市场环境、知识产权机制的建立，是促进企业集团发展的关键。在此过程中，法制建设至关重要，它可以保障企业融合创新行为和相关的创新利益，激发企业不断学习融合创新的积极性。随着产业融合发展的不断深入，政府和市场都应该根据不同阶段的特点，发挥不同的作用。要使文化旅游产业在市场自由竞争的环境下自发、自主地提高质量、扩大规模和增强实力。

5. 多元化规模经营模式

文化旅游产业由许多相互关联的子行业构成，每个子行业都具有独立性。文化旅游集团可以采用多样化的规模经营来实现其发展模式。

例如，某集团的业务最初是“环幕立体电影”，进行影片制作与出租，随后又开拓了一些其他的业务形式，最终形成了产业模式的多元化状态。该集团发挥多元化产业结构的特点，将多个领域实现了整合，将自己所具备的优势发挥得淋漓尽致，这些领域范围包括动漫制作、数字游戏、软件设计、设备制造、主题公园，等等。除此之外，该集团尤其注重人才培养机制的构建，坚持将市场化原则作为自己发展的主要导向，还注重文化延伸产品等的开发。文化旅游产业的不同环节相互依存、相互促进，有的环节彼此还处于上下游的关系。通过将动漫中的形象转化为主题公园项目，可以为动漫产业增加附加价值和推广渠道。主题公园的主题项目可以被改编为动画片，通过播放这些动画片，可以更有效地宣传主题公园。主题公园是一个极佳的展示平台，让游客们可以欣赏到精彩的表演，丰富游客的游玩体验。许多游戏和文化衍生品都是相互联系的，这些衍生品通常是在主题公园、卡通形象等文化产业原型的基础上开发而成的。实际上，不仅主题公园与它们有联系，它们彼此之间也存在着密切的关联。因此，在文化旅游集团的产业链中，每个产业领域都或多或少存在相互支持和依赖的上下游关系。当一个行业朝着多元化方向转变时，它会拓展产业链，充分发挥整个产业链的优势，共享资源和信息，适应市场需求，并提高产业的风险承受能力。

第五章　旅游文化产业的可持续发展

本章介绍的是旅游文化产业的可持续发展，包括旅游文化产业可持续发展的含义及目标、实现旅游文化产业可持续发展的路径以及旅游文化产业的发展趋势。

第一节　旅游文化产业可持续发展的含义及目标

一、可持续发展思想及其内涵

（一）可持续发展问题的提出

长期以来，人类社会在经济发展和环境保护两方面的追求存在明显的不匹配现象。例如，在追求经济增长的过程中，我们往往以破坏生态环境为代价。人类长时间以来过度开采和开发自然资源，造成了环境恶化和资源匮乏的后果。这种状况也越来越对人类的生存和发展产生严重威胁。直到 20 世纪 80 年代，人类开始采用更加冷静、理性的思维方式，重新审视经济增长与环境保护之间的关系，并反思为追求高速经济增长所牺牲掉的东西。同时，“保护环境，尊重自然”的绿色环保理念也逐渐在全球范围内引起了巨大影响。

在可持续发展思想的演进中，有两本书产生了巨大影响。一本是美国海洋生物学家蕾切尔·卡森所著的《寂静的春天》。这本书也被誉为“改变了全球历史进程”的著作。这本书于 1962 年出版，它深刻影响了各国政府制定的环保政策并推动了国际环保运动的发展，让公众开始意识到“生态学”的重要性，因此也被称为“20 世纪最具历史意义的著作”。另一本是 1972 年由美国科学家德内拉·梅多斯等人合著的《增长的极限》。这本书敏锐而深刻地提醒人们要注意伴随经济增长而来的环境和资源问题。

此后，相关国际组织开始关注发展与环境问题及可持续发展问题。1972年，第一次人类环境会议在斯德哥尔摩举行。

1980年，国际自然与自然资源保护联合会在其制定的《世界自然资源保护大纲》中首次提出了全新的可持续发展概念。

1987年，世界环境与发展委员会发表了一项名为“我们共同的未来”的研究报告。该报告提出了一个新思路，即可持续发展原则，这项原则主要是用以解决人类环境和发展的相关问题。随后，世界资源研究所和国际环境与发展研究所联合呼吁将可持续发展当作行动准则。世界银行资助活动的首要目的在于推进可持续发展。

1992年，全球100多个国家的政府首脑相聚里约热内卢，共同签署了《里约环境与发展宣言》，并通过了一系列重要文件，包括《生物多样性公约》和《21世纪议程》等。这些文件宣告了全世界在遵循可持续发展模式上的认同感，并显示了世界人民为实现可持续发展而一致行动的积极性。

（二）可持续发展的基本含义

根据1987年世界环境与发展委员会出版的《我们共同的未来》一书，可持续发展是指“既满足当代人的需要，又不损害后代人满足其需要的能力的发展”。

1996年7月19日，国务院办公厅转发了国家计委、国家科委《关于进一步推动实施〈中国21世纪议程〉意见》的通知，在这个通知中，对可持续发展给出了一个更为明确、完整的定义：“可持续发展就是既要考虑当前发展的需要，又要考虑未来发展的需要，不以牺牲后代人的利益为代价来满足当代人利益的发展；可持续发展就是人口、经济、社会、资源和环境的协调发展，既要达到发展经济的目的，又要保护人类赖以生存的自然资源和环境，使我们的子孙后代能够永续发展和安居乐业。”

（三）可持续发展的基本内容

可持续发展通常包括生态、经济、社会等三方面的内容。

生态可持续发展指确保自然生态健康，维护生态系统的生产能力和功能，保护自然资源和环境，以实现长期的持续发展。经济可持续发展注重实现经济稳定增长和资源、环境管理的内在化，尤其注重如何快速提高发展中国家的人均收入。社会可持续发展以公平分配资源和收入、长期满足社会的基本需求为主要原则与任务。

（四）实现可持续发展的意义

在全球工业化实践经历了一个多世纪后，人类对于物质文明和自然环境之间的巨大反差进行了深刻反思。人们认识到，如果我们仍然像过去一样不断改造自然、征服自然，会持续造成资源枯竭、生态破坏和环境污染，这将导致地球和人类的毁灭。在这种情况下，可持续发展理念的提出具有显著的意义与价值。可持续发展被视为面向未来的指导方针，它不仅对传统的发展观念与发展思想进行了革新，而且这种新兴的发展模式将在人类的价值观、思考方式和行为模式等方面引起重大的变化，遵循这种发展模式可以使得人类一起走向更美好的未来。

可持续发展已成为目前世界最热门的科学领域之一，成为世界各国各地区的经济、社会等规划中优先考虑的一项准则。

二、旅游文化产业可持续发展的含义

旅游文化产业可持续发展是在全球旅游业急剧膨胀、繁荣背后的危机日益暴露的现实下提出来的。

旅游文化产业是一种依托于自然和社会文化传统的行业。这就意味着，只有保护自然和文化环境，才能够为旅游文化产业的存在与发展提供必要的先决条件。旅游文化产业快速发展，在短短的数十年间就成为全球规模最大的产业之一。许多国家、地区和旅游文化企业在实际操作中过于狭隘地理解旅游文化产业的发展，只注重数量的增加和规模的扩大。通过掠夺式开发手段，开发旅游文化资源，使得旅游文化景区过度开发和管理粗放，最终导致旅游设施建设规模异常膨胀，造成自然资源的严重损害。这不仅造成了自然环境的美学价值缩减，还极大地降低了自然环境的舒适度。高度流动的旅游活动会在一定的时间和地点聚集，这会导致旅游目的地的旅游文化资源遭受严重破坏，也就是所谓的“旅游摧毁旅游”现象。

旅游文化产业可持续发展是指，在旅游经营中秉持可持续性理念，以满足游客和当地居民的文化需求为前提，持续推动旅游产业的发展，并且注重对未来发展前景的关注。这种理念的核心在于将旅游与文化融为一体，以实现两者之间的协同发展，从而达到旅游经济和文化经济共同繁荣的目标。

旅游文化产业可持续发展的基本内涵包括以下几点。

（一）满足需要

旅游文化产业的发展是为了满足人们对于休闲、娱乐、文化和生活品质的需求，同时也是为了促进地方经济发展和增加就业机会。旅游文化产业以旅游文化资源为依托，吸引游客来访，促进经济发展，满足当地居民基本生活需求，提升其文化生活水平。

（二）环境限制

旅游文化资源满足人类目前和未来需要的能力是有限的，这种限制体现在旅游文化环境承载力上面。

（三）协调发展

为了实现可持续旅游，需要确保旅游文化开发不超过环境的承载能力，与环境保持良好的平衡，这是可持续旅游最重要的特征之一。为确保环境系统能够自我调节，实现旅游文化产业的可持续发展，需要限制旅游文化开发的范围与程度。如果不遵循可持续发展的原则，那些可再生的旅游文化资源也会遭到破坏甚至消失。因此，必须合理利用这些资源，以保证它们维持着旺盛的生命力。对于那些无法再生的旅游文化资源，为了实现可持续发展，不仅需要关注这些资源的有效利用，还需要倡导资源循环使用的理念，从而变“不可再生”为“可再生”。

（四）平等享用

首先，我们要确保在旅游文化业的发展过程中，所有同代人都能享有平等的机会，不应让旅游目的地的旅游文化产业只使少数人获利，而使其他人受到大量的外部经济负担。其次，我们需要考虑到的是“跨代公平”，既要满足当代人对旅游文化的需求，创造旅游收入，还要考虑到未来各代人的旅游文化需求，保障其生存、发展的资本。

鉴于可持续发展理念与旅游文化业的密切关系，国际社会对于旅游文化业的可持续发展也特别关注，国内不少学者也对此进行了大量的研究。虽然有关旅游文化产业可持续发展的相关理论还不成熟，但我国不少地区旅游文化景区的经营者已开始践行这种理念，本书认为，在不久的将来，旅游文化产业的可持续发展将会逐步实现。

三、旅游文化产业可持续发展的目标

1990 年，在加拿大温哥华召开的 1990 年全球可持续发展大会上，旅游组行动策划委员会提出了旅游业可持续发展的目标。

第一，增进人们对旅游所产生的环境效应和经济效应的理解，强化其生态意识；第二，促进旅游的公平发展；第三，改善旅游接待地的生活质量；第四，向旅游者提供高质量的旅游经历；第五，保护上述目标所依赖的环境质量。

旅游文化产业可持续发展目标是在旅游业可持续发展目标的基础上提出的，由于研究视角不同，旅游文化业可持续发展的目标也不同，从开发与保护的角度而言，本书认为，旅游文化业可持续发展的目标包括以下五点。

第一，增进人们对旅游所产生的经济效应和文化效应的理解，强化其保护意识；第二，促进旅游文化的公平发展；第三，改善旅游接待地的文化质量；第四，向旅游者提供高质量的旅游文化经历；第五，保护上述目标所依赖的环境质量。

第二节　实现旅游文化产业可持续发展的路径

一、旅游文化企业的可持续发展

在旅游文化企业运营中，需要积极采取措施来保护环境、节约能源并减少污染，同时要适当将可持续发展理念传达给游客，履行企业的社会责任，以促进可持续性旅游的实现。旅游企业是以旅游资源为基础，为游客提供有形设施、资源和无形服务，旨在独立经营并核算收支的经济实体。文化企业致力于通过充分利用无形资源，如文化、创意和人力资本等，提供高质量的准精神产品和相关服务。同时，这些企业会将这些精神内容有机地运用于商业领域，追求利润的最大化。

（一）旅行社、旅游公司及旅游交通企业的可持续发展

旅行社、旅游公司及旅游交通企业可在以下几个方面为实现旅游文化业的可持续发展做出贡献。

1. 生产环保型旅游文化产品

组织生态旅游、森林旅游以及农业旅游等活动，以此提高人们对旅游文化资源的保护意识和旅游文化产业持续发展的意识。

2. 选择具备生态旅游条件的旅游文化目的地

旅游公司应该避开那些易受影响的生态文化区域。即使当地有意吸引生态文化旅游，但若该区域对自然生态文化资源缺乏保护意识或接待能力欠缺，旅行社应该避免前往该地区，以免对资源造成更多损害。在规划旅游过程中，旅行社等

企业应充分听取有关地区生态文化科研人员和自然文化保护组织的建议，从而使得旅游过程既符合娱乐需求，又不违背生态准则。

3. 旅游团人数要控制在适当的范围内

企业应尽量开发小团队旅游，这样便于实施有效管理，从而减少对自然生态文化的影响和破坏。

4. 正确引导旅游者的消费行为和环保意识

在主要旅游航线上，航空公司应播放有关环境保护和旅游可持续发展的宣传资料，以提高旅客对这些问题的认识。旅游公司可以提供给游客与环境保护教育相关的手册。导游应该善于利用各种方式，正确引导游客的消费行为，并且鼓励他们养成环境保护和文化保护的习惯。导游可以向游客介绍旅游公司为保护环境所做出的努力，并激励游客在日常生活中采取可持续发展的行动，让环保理念贯穿始终。

旅游教育应使游客认识到保护生态的重要性，了解目的地的生态与文化背景，遵守旅游规范和注意事项，了解有关的生态法律与规定，学习垃圾处理技巧，支持旅游目的地的生态保护和经济发展援助计划，等等。

5. 对导游和领队人员加强培训

为了实现旅游文化产业的可持续发展，对导游人员进行文化旅游专业知识和生态责任感的培训显得十分必要，因为导游人员与游客有长时间的接触，他们的行为和态度不仅会影响游客，也会对旅游文化业产生深远的影响。除了教育游客要保护生态环境，展现出合格的游客形象，导游人员还应该引导游客与当地居民深入交流，使居民了解游客到来的原因是为了欣赏未被破坏的自然环境以及人文景观。这一过程不仅使游客受益，也有助于当地居民认识到保护自然生态和文化传统的重要性。

6. 减少废弃物产生量

《21 世纪议程》论述的核心就是减少废弃物产生量，关键在于实现“高产出，低投入”的目标。旅游公司可以通过经营活动，选择对环境影响最小的旅游文化产品来为环保事业做出重大贡献。为了将废弃物产生量降至最低，旅游公司可以实施以下举措。

第一，为减轻废弃物负担，可以选择产生最少废弃物的旅游文化产品。

第二，挑选那些将产品所产生的废弃物降到最小化的供应商，或者与那些尽可能减少不必要包装或重复利用包装的供应商合作。

第三，尽可能地重复使用相关物品，并对它们进行回收利用。

第四，对于必然产生的废弃物进行有效的处理。

第五，激励员工在家中践行废弃物减量的理念。

7. 减少能源的浪费和降低具有破坏性的大气排放

许多环境问题与使用矿物燃料密切相关。旅游文化产业的可持续发展有赖于节约资源举措的实施。而且对于旅游文化企业来说，高效节约能源还能极大地缩减其成本，为其带来经济收益。下面是可供旅游公司选择的几种降低能源消耗和相关排放物的方法。

第一，提高员工对能源保护和环境保护的认识，引导他们形成良好的能源节约习惯。

第二，科学布局设施设备，尽量降低能源浪费的程度。

第三，在可以选择的情况下，优先考虑使用对环境没有消极影响的自然能源，如太阳能、风能和生物能。

第四，注意采用各类新型的节能技术与手段。

8. 保护水资源质量，高效利用现有水资源

旅游文化产业对于水资源的使用是巨大的。一些特殊的场所更是能达到当地社区用水的 10 倍，如游泳池、洗浴中心、高尔夫球场等。诸多旅游项目的开展导致大量水资源被利用。因此，为了节约水资源，对储备水加以保护，旅游公司应当采取以下措施。

第一，与游客一同节约用水。

第二，在合适的位置上，通过安装告示板或其他适宜的方式，向游客阐述节约用水的重要性。

第三，在规划旅游设施时，应当思考水资源的状况与工程建设的适配性，如果该地水资源紧缺，或者工程建设有可能加剧当地用水不足的情况，就需要考虑停止工程建造。

第四，跨国旅游公司有必要向发展中国家提供相关节水技术、技巧和设施，以促进水资源的节约和可持续旅游的发展。

第五，尽量使水资源得到回收、再利用。

第六，鼓励职工和游客将水资源管理计划与内容应用到日常生活中。

9. 使废水排放量减到最低

为了保护动植物的生存环境和维持水资源的清洁，应尽可能地减少废水的产生和排放。

10．减少旅游交通对环境的污染

旅游业的可持续发展需要加强交通运输管理，以最大限度地降低旅游交通对环境造成的负面影响。可以做好以下几个方面的工作。

第一，在旅游过程中，提倡选择使用自然能源的交通方式，以减少对自然生态的破坏。

第二，采用最先进的交通技术，以对大气污染最小化为目标。

第三，提倡员工乘坐公共交通、骑自行车或步行上班。

第四，为了减少机动车废气的排放量，可以与供应商合作，共同协调货物运输安排。一方面，可以避开高峰期进行运输，另一方面在运输货物时要在合理范围内尽可能满载，以降低运输次数。

第五，优先采购本地供应商的物品。

11．加强对土地使用的规划与管理

要实现旅游文化产业的可持续发展，必须加强对土地使用的规划和管理。以下是旅游公司可以采取的措施。

其一，对新开发的旅游文化项目进行评估，充分考虑其可能对环境、文化、社会和经济方面造成的影响。

其二，在开发新的旅游文化产品时（尤其是在小岛上进行时），需要考虑当地整体的负荷承载能力以及资源的限制因素。

（二）旅游酒店经营与旅游文化产业的可持续发展

上述实现旅游文化产业可持续发展的经营原则和方法，已在很多旅游酒店得到了较为广泛的利用，并已取得良好的经济和社会效果。很多国家开始大力发展环保型的“绿色酒店”，其主要特征如下。

第一，采用节能设施设备，减少对能源的浪费。

第二，停止使用煤、重油、柴油、煤油等污染大气环境的燃料，改用管道天然气、液化石油气、电力等清洁能源。

第三，将废弃的纸张、易拉罐和玻璃瓶进行回收，同时要将特定垃圾放入指定的垃圾桶中。例如，新加坡的20多家大型酒店从1996年2月开始采取行动，将用过的玻璃瓶进行分类处理，并进行再循环利用。经过半年多的时间的努力，这些酒店共收集了46吨的空瓶。这项收集计划得到了环保部的大力支持，也成了新加坡旅馆协会典型环保活动之一。

第四，实施多重措施，节约用水。酒店每天需要使用大量的自来水，用于生活和清洁。酒店水资源的节约潜力是巨大的。酒店可以向客人建议，在连续入住多天的情况下可以继续使用之前提供的毛巾，并且不必更换床单，以便节省水和洗涤剂的用量。

第五，不使用含氯氟烃的产品、含氯漂白剂，不使用含有有害化学物质的漂白剂来漂白布草。

第六，对于产品的选择，要尽可能环保化、可再生化。如一些酒店在客房中，用纸质洗衣袋取代了塑料洗衣袋，也有一些酒店直接选用可以重复利用的篮子，更体现了环保理念。

第七，降低资源的浪费程度。在传统酒店里，每日都需要在卫生间准备足够的肥皂、罐装沐浴露和洗发水等清洁用品。这些用品无论客人使用多少都必须丢弃。这种做法不仅浪费资源，还会对环境造成污染。鉴于客人在使用洗浴液时，可能因为没有完全使用而造成的浪费现象，酒店可以采用固定容器，相较于提供罐装洗浴液，这种方式极大地降低了浪费程度。

以上措施不仅可以保护环境，为旅游业的可持续发展做出贡献，还可以大大节约酒店的经营成本。

二、文化旅游消费者行为与可持续发展

文化旅游活动的重点在于游客，他们的消费选择直接影响了旅游文化产业是否能够实现可持续性发展。这说明游客的消费行为对于旅游文化产业的可持续发展起到了极其重要的作用。游客应该具备环保意识，加强自我约束，从而为文化旅游产业发展做出贡献。

旅游者可从社会和个人角度为旅游文化产业的可持续发展做出贡献。

（一）社会角度

1. 努力实现旅游消费结构的优化

要优化旅游消费结构，必须先实现旅游消费的多元化。在旅游中消费的方式应具有多样性，这是使旅游消费方式合理的基础。旅游消费的内容和方式需要考虑满足各类消费者的需求，既应包含参观游览、学习访问等体验，也应提供多种娱乐活动，让旅游者参与其中，亲身感受其中的乐趣。这不仅能帮助旅游者放松身心、保持健康，还有助于提高他们的文化修养和知识水平，提升身体和智力素质。游客的基本要求为住宿、饮食和交通等，这些活动是对其生理需要的满足，

而其他游览、娱乐则是关系到游客的精神的愉悦与满足。游客可以通过这些活动开阔视野，丰富与发展自己的兴趣及技能。因此，需要持续改进旅游消费结构，以满足人们日益多样化的消费需求。

2. 实现消费市场的供求平衡

旅游需求往往会受到时间、地点、政治、经济和社会心态等多方面因素的影响，表现出较为明显的变动性。相比之下，旅游产品的供给能力则相对稳定。因此，为了让旅游消费最大限度地促进餐饮、住宿、交通、通讯、金融、商业和娱乐行业等方面的发展，需要合理地组织旅游消费。不仅要在旅游淡季时期，采取促进消费的措施，使旅游地保持合理的旅游收入，提高旅游设施的利用率。另外，在旅游高峰期，应该根据当地的接待能力来调整旅游消费的水平和结构。

3. 要有利于旅游环境的保护和改善

高品质的旅游资源和旅游产品的组成部分之一是优美的旅游环境。这种环境是实现高效、流畅的旅游消费必不可少的条件。人们出门旅游的重要动因是寻求环境宜人、舒适、恬静且安全的自然与社会场所。因此，旅游消费应当以维护环境和生态平衡为前提。特定旅游活动，如垂钓、采摘，需遵守保持自然界生态平衡的原则，不可随意、过度捕捞、垂钓或采摘。旅游活动的开展可以增进人们对自然资源和历史文化遗产的保护意识。除此之外，还需要募集足够的资金，兴建必要的污水处理设施，以改善旅游区的环境现状。

4. 要有利于促进社会文明的进步

旅游消费是人们日常文化生活中不可或缺的一部分，它体现着高品质、多元的生活方式。促进旅游消费的发展可以让旅游者享受到全新、舒适、美妙且健康的体验，激发人们对生活的热爱，对理想、进步的追求；提高人们的思想、艺术和文化水平，并预防和控制社会上的一些不健康思想状况，从而促进整个社会的文明进步。

（二）个人角度

1. 要尊重访问目的地的文化

游客应该以学习、了解当地的文化、风俗习惯为目的，在当地居民允许的范围内参加各项活动。

2. 不破坏旅游资源，做文明旅游者

有些游客在到达旅游景点后表现出非常不文明的行为，对各种旅游资源肆意毁坏。例如，在珊瑚礁上随意采集珊瑚、在自然公园里摧毁花卉、在景观建筑上随意刻画涂鸦等。为了保护旅游资源和环境，我们应该自觉抵制这些不文明的行为。

3. 不随意丢弃垃圾

旅游区的环境遭到一些游客随意扔塑料袋、饭盒、饮料瓶等垃圾的影响，这是导致旅游景点受到污染的主要原因。这些垃圾严重地威胁着旅游业的可持续发展。很多国内知名的自然景区和旅游胜地不得不招聘专门人员来清理游客留下的垃圾。即便是一些高海拔的山峰亦难以避免游客带来的污染，其中包括各类包装废弃物等垃圾。

相关部门也为此需要投入大量资金进行清理。因此，旅游者在游览的过程中应该具备环保意识，不要随意丢弃废弃物，而是应该将它们投放到垃圾箱中。

4. 尽量减少使用或不使用一次性白色污染物

旅游者应尽量减少使用或不使用一次性的塑料饭盒、饮料瓶等白色污染物，而改用一些用芦苇、稻草、麦秆、毛竹、棉花秸等原料生产的可降解型绿色餐具。

5. 不干扰野生生物的正常生存

游客应服从景区管理人员的管理，不捕杀、不追逐、不恐吓动物，不采集野生植物，不踩踏贵重植物。

6. 积极参加保护生态的各种有益活动

游客可以根据自身实际情况积极参加保护生态环境的各种有益活动，如向访问地捐助资金、提供知识技术支持、参加保护环境的宣传活动和义务劳动等。

第三节　旅游文化产业的发展趋势

现代旅游业产生于 19 世纪中叶，20 世纪是世界旅游业的大发展时期，特别是在 20 世纪后半期，旅游业获得了相对和平的发展环境，一跃成为世界重要产业之一。旅游文化产业则兴起于 20 世纪末。随着经济全球化的不断发展，旅游文化产业将发生如下变化。

一、旅游文化产业的地位将不断提高

随着全球经济的发展，人们的经济收入也不断提高。另外，随着科技的不断进步，人类的劳动效率也在不断提高。因此，人们拥有了一定的闲暇时间，导致

其精神文化需求呈逐渐增加的趋势。人们通常在闲暇时间选择旅游作为休闲活动，而旅游文化活动也为游客提供了一个最合适的方式，能够满足他们对于文化方面需求的需求。

人们对物质财富追求是有限的，对精神世界的追求是永无止境的。旅游文化活动主要是为了满足人们的心灵需求。旅游让人们的胸襟变得更加开阔，使人们的修养和精神状态得到提高，并且在一定程度上可以增强人们的体魄。随着时间的推移，旅游文化产业将成为国家重要的经济收入来源，提供大量的就业岗位，因此其在国民经济中的地位也越来越重要。

二、旅游文化产业将更加集团化、网络化和国际化

随着国际贸易自由化趋势的不断发展，各国正在逐步降低和消除各种物质和非物质方面的贸易障碍。针对旅游文化产业，越来越多的国家采取了简化签证手续、缩短签证时间、实施落地签证等政策，以促进该领域的发展。同时，越来越多的国家开始允许国际跨国公司或外国公司在本国经营旅游企业。因而，旅游文化产业的运营将朝着国际化方向发展，这也会带来更加激烈的竞争。为了增强竞争优势、降低成本并促进销售，旅游文化产业将采取多种方式，如联合、合并等，实现自身的更大发展。

另外，电子信息技术的广泛普及和应用将从根本上改变旅游文化产业，这主要表现在对其结构和经营方式造成的长远影响。随着电子信息技术的迅猛发展，旅游文化产业的运营模式正逐渐实现网络化，其涵盖客户预订、日常服务和经营管理等多个方面。随着时间的推移，互联网也开始扮演越来越重要的角色，这也将进一步促进旅游文化产业的经营与发展。

三、旅游文化产品和旅游主题的转变

进入 21 世纪，旅游逐渐成为一项普及化的活动，不再是少数人奢侈的享受。旅游将成为大多数人生活中常见的方式。在许多发达国家，旅游、度假已经成为他们度过闲暇时间的主要方式。

由于旅游文化活动的广泛推广，传统的、文化主题缺失的旅游已经不能满足游客们独特旅游体验的要求。这些游客更青睐那些专为他们特别的兴趣和爱好而打造的旅游文化体验活动，如“孔子文化游”“三国遗迹考古游”“自驾游”等，这些旅游产品对于这些游客而言更具魅力。

四、旅游文化产业将追求可持续发展

过度挖掘旅游文化资源和一味、盲目地推进旅游文化产业的发展，不仅对环境和社会造成了潜在的风险。人们正逐渐认识到旅游文化产业对环境和社会的影响并非都是积极的。因此，政府、旅游文化企业、游客等主体，在开展旅游文化建设与旅游活动的过程中，要始终秉持着可持续发展的理念，从而实现旅游文化产业健康、长久的运营。

五、我国将成为世界旅游文化产业大国

我国拥有丰富的自然及文化旅游资源。随着改革开放的深化，我国在国际政治和经济领域的地位日益提高。在此背景下，我国的影响力不断扩大，自然和文化资源展现出了更大的吸引力。旅游业作为我国的重要产业，近年来取得了显著的发展。过去多年里，我国旅游文化产业以高速度增长，已跃居全球旅游业增长最快的国家之列。展望未来，旅游文化产业将在我国展现出更高的发展水平，我国将成为实至名归的世界旅游文化产业大国。

参考文献

[1] 潘海岚，李培英，樊爱霞，等．西南民族地区文化产业与旅游产业融合发展研究[M]. 北京：民族出版社，2018.
[2] 李锋．文化产业与旅游产业的融合与创新发展研究[M]. 北京：中国环境出版社，2014.
[3] 刘英．创意旅游：文化建设与旅游产业的融合[M]. 沈阳：辽宁大学出版社，2022.
[4] 尹华光，姚云贵，熊隆友．旅游产业与文化产业融合发展研究[M]. 北京：中国书籍出版社，2017.
[5] 杨福泉，邓永进．旅游融合发展：旅游产业与文化产业[M]. 北京：中国环境出版社，2016.
[6] 陈卓，王丽欣，王玉，等．河北特色文化与创意旅游产业融合发展研究[M]. 石家庄：河北美术出版社，2015.
[7] 李俊．旅游产业与文化产业融合发展研究[M]. 长春：吉林人民出版社，2022.
[8] 耿敬杰．旅游产业与文化传承融合发展研究[M]. 长沙：湖南大学出版社，2022.
[9] 徐翠蓉，张广海．新时代文化产业与旅游业互动融合发展研究[M]. 北京：中国社会科学出版社，2019.
[10] 梁学成．文化旅游产业与城市建设融合发展模式研究[M]. 北京：中国社会科学出版社，2019.
[11] 卢宏，宋雪莲．文化产业与旅游产业融合机制探析[J]. 商展经济，2023（17）：50–54.
[12] 徐菲菲，剌利青，严星雨，等．中国文化产业与旅游产业融合研究述评[J]. 旅游科学，2023，37（4）：1–18.
[13] 王西涛．产业与文化产业、旅游产业融合的综合评价研究[J]. 中国市场，2022（31）：60–62.

[14] 孙维明．新时代旅游产业和文化产业的融合发展对策研究 [J]. 普洱学院学报，2022，38（1）：62−64.
[15] 彭睿娟，苏瑞，常承明．基于知识图谱的文化产业与旅游产业融合发展 [J]. 河西学院学报，2022，38（1）：97−103.
[16] 赵嫚，王如忠．中国文化产业和旅游产业融合发展动力机制与发展评价 [J]. 生态经济，2022，38（2）：121−129.
[17] 贺小荣，任迪川，徐海超．文化与旅游产业融合的经济学分析 [J]. 四川旅游学院学报，2021（6）：78−84.
[18] 张旭娟，李翠林．国内文旅融合研究综述 [J]. 河北旅游职业学院学报，2021，26（3）：76−81.
[19] 刘祥恒，李德明．中国文化旅游产业融合研究述评 [J]. 四川旅游学院学报，2021（5）：63−68.
[20] 马胜清．文化产业与旅游产业融合机理及经济效应 [J]. 社会科学家，2021（5）：101−106.
[21] 姜喆．中国文化产业和旅游产业融合发展的空间格局及影响因素研究 [D]. 济南：山东财经大学，2023.
[22] 张新成．文化和旅游产业融合质量评价及空间溢出效应研究 [D]. 西安：西北大学，2022.
[23] 刘玲．文旅融合与区域经济增长关系研究 [D]. 北京：北京交通大学，2022.
[24] 杜卓群．互联网对文旅融合的影响机制研究 [D]. 济南：山东大学，2021.
[25] 马淑萍．长江经济带文旅产业融合发展时空差异及影响因素 [D]. 武汉：华中师范大学，2022.
[26] 章巧姝．基于投入产出表的文化产业和旅游产业融合发展研究 [D]. 大连：东北财经大学，2023.
[27] 吴云靓．长三角城市群文旅融合及其与区域经济增长关系研究 [D]. 大连：东北财经大学，2023.
[28] 王圆圆．文旅产业耦合协调度评价及优化路径研究 [D]. 上海：上海工程技术大学，2023.
[29] 苏琪．昆明市文化产业与旅游产业融合发展研究 [D]. 昆明：云南大学，2022.
[30] 翟林枫．文旅产业融合对旅游产业结构升级的影响研究 [D]. 天津：天津财经大学，2021.